Regulação
financeira
para
advogados

CÓPIA NÃO AUTORIZADA É CRIME
ABDR
ASSOCIAÇÃO BRASILEIRA DE DIREITOS REPROGRÁFICOS
RESPEITE O DIREITO AUTORAL

Preencha a **ficha de cadastro** no final deste livro
e receba gratuitamente informações sobre
os lançamentos e promoções da Elsevier.

Consulte também nosso catálogo completo,
últimos lançamentos e serviços exclusivos no site
www.elsevier.com.br

AUTORES

Richard Posner
Andréa Lavourinha
Antônio Carlos Pôrto Gonçalves
Antônio José Maristrello Porto
Beatriz Castilho Costa
Caroline da Rosa Pinheiro
Cherubin Helcias Schwartz Junior
Claudia Regina Lima Rentroia
Dione Valesca Xavier de Assis
Fernando Jorge Cassar
Genicy de Araujo Sena
Katia Regina Tinoco de Castro
Patricia Cerqueira de Oliveira
Patrícia Regina Pinheiro Sampaio
Rogério Moraes
Wellington Beckman Saraiva

Regulação financeira para advogados

COORDENADORES
Antônio José Maristrello Porto
Antônio Carlos Porto Gonçalves
Patrícia Regina Pinheiro Sampaio

Fechamento desta edição: 10 de novembro de 2011

Edição 2012

ELSEVIER

CAMPUS
JURÍDICO

© 2012, Elsevier Editora Ltda.

Todos os direitos reservados e protegidos pela Lei nº 9.610, de 19/02/1998.

Nenhuma parte deste livro, sem autorização prévia por escrito da editora, poderá ser reproduzida ou transmitida, sejam quais forem os meios empregados: eletrônicos, mecânicos, fotográficos, gravação ou quaisquer outros.

Revisão: Renato Mello Medeiros
Editoração Eletrônica: Tony Rodrigues
Tradução do artigo de Richard Posner: Eliana Consoni Rossi, Gabriel Pereira Berbert Queiroz, Lahiz de Matos Longobardi e Rafaela de Paula Rios

Elsevier Editora Ltda.
Conhecimento sem Fronteiras
Rua Sete de Setembro, 111 — 16º andar
20050-006 — Rio de Janeiro — RJ

Rua Quintana, 753 – 8º andar
04569-011 – Brooklin – São Paulo – SP

Serviço de Atendimento ao Cliente
0800 026 53 40
sac@elsevier.com.br

ISBN: 978-85-352-5514-0

Nota: Muito zelo e técnica foram empregados na edição desta obra. No entanto, podem ocorrer erros de digitação, impressão ou dúvida conceitual. Em qualquer das hipóteses, solicitamos a comunicação à nossa Central de Atendimento, para que possamos esclarecer ou encaminhar a questão.
Nem a editora nem o autor assumem qualquer responsabilidade por eventuais danos ou perdas a pessoas ou bens, originados do uso desta publicação.

CIP-BRASIL. CATALOGAÇÃO-NA-FONTE
SINDICATO NACIONAL DOS EDITORES DE LIVROS, RJ

R269
    Regulação financeira para advogados / coordenadores Antônio José Maristrello Porto, Antônio Porto Gonçalves, Patrícia Regina Pinheiro Sampaio ; autores Richard Posner ... [et al.]. - Rio de Janeiro : Elsevier : FGV, 2012.

    ISBN 978-85-352-5514-0

    1. Direito financeiro - Brasil. 2. Agências reguladoras de atividades privadas. I. Porto, Antônio José Maristrello. II. Sampaio, Patrícia Regina Pinheiro. III. Posner, Richard A., 1939-.

11-6957.   CDU: 346(81)

Agradecimentos

Os organizadores agradecem ao Programa de Mestrado Profissional da Fundação Getulio Vargas – Direito Rio e ao Instituto de Desenvolvimento Educacional – IDE/FGV, sem os quais a realização deste livro não teria sido possível.

Os coordenadores

Antônio Carlos Porto Gonçalves

Doutor e Mestre em Economia pela University of Chicago, com aperfeiçoamento em Programa de Desenvolvimento de Executivos de alto nível pela University of Western Ontario School of Business Administration. Graduado em Engenharia Industrial e Metalúrgica pelo Instituto Militar de Engenharia. Professor titular da Fundação Getulio Vargas – RJ e da Universidade Federal Fluminense.

Antônio José Maristrello Porto

Doutor em Direito (Doctor of the Science of Law – J.S.D.) pela University of Illinois, com revalidação pelo Programa de Pós-Graduação em Sociologia e Direito da Universidade Federal Fluminense. Mestre (Master of Laws – L.L.M.) pela University of Illinois. Graduado em Direito pela Fundação de Ensino Octávio Bastos. Professor-pesquisador da Fundação Getulio Vargas – Direito Rio e Coordenador do Centro de Pesquisa em Direito e Economia da mesma instituição.

Patrícia Regina Pinheiro Sampaio

Doutoranda pela Faculdade de Direito da Universidade de São Paulo e Mestre pela mesma instituição. Graduada em Direito pela Pontifícia Universidade Católica do Rio de Janeiro. Professora da Fundação Getulio Vargas – Direito Rio e pesquisadora do Centro de Pesquisa em Direito e Economia na mesma instituição. Advogada no Rio de Janeiro.

Os autores

Andréa Lavourinha
Graduanda em Direito pela Fundação Getulio Vargas – Direito Rio e estagiária do Centro de Pesquisa em Direito e Economia.

Beatriz Castilho Costa
Mestranda em Poder Judiciário pela Fundação Getulio Vargas – Direito Rio. Pós-graduanda em Direito Público e Direito Privado pela Escola da Magistratura do Estado do Rio de Janeiro (EMERJ). Graduada em Direito pela Universidade Federal do Rio de Janeiro.

Caroline da Rosa Pinheiro
Mestranda pela Fundação Getulio Vargas – Direito Rio. Especialista em Advocacia Empresarial pela Universidade Gama Filho e Graduada em Direito pela Universidade Cândido Mendes – Centro. Professora e palestrante, além de advogada e consultora jurídica internacional na área empresarial.

Cherubin Helcias Schwartz Junior
Mestre em Poder Judiciário pela Fundação Getulio Vargas – Direito Rio. Desembargador do Tribunal de Justiça do Estado do Rio de Janeiro.

Claudia Regina Lima Rentroia
Mestranda em Poder Judiciário pela Fundação Getulio Vargas – Direito Rio. Graduada em Direito pela Universidade Estácio de Sá e em Administração pela Universidade Gama Filho. Membro da Associação do Ensino do Direito (ABEDi) e do Conselho Nacional de Pesquisa e Pós-Graduação em Direito (Conpedi).

Dione Valesca Xavier de Assis
Mestranda em Poder Judiciário pela Fundação Getulio Vargas – Direito Rio.

Graduada em Direito pela mesma instituição. Professora substituta da disciplina de Direito Processual Civil do Curso IURIS.

Fernando Jorge Cassar

Mestrando em Poder Judiciário pela Fundação Getulio Vargas – Direito Rio. Graduado em Economia pela Pontifícia Universidade Católica do Rio de Janeiro. Advogado e consultor especializado em Direito do Trabalho.

Genicy de Araujo Sena

Mestranda em Poder Judiciário pela Fundação Getulio Vargas – Direito Rio. Graduada em Filosofia pela Universidade Federal do Rio de Janeiro.

Katia Regina Tinoco de Castro

Advogada e mestranda em Poder Judiciário pela Fundação Getulio Vargas – Direito Rio.

Patrícia Cerqueira de Oliveira

Juíza no Tribunal de Justiça do Estado da Bahia. Mestranda em Poder Judiciário pela Fundação Getulio Vargas – Direito Rio. Graduada em Direito pela Universidade Federal da Bahia. Especialista em Direito Penal e Processual Penal pela Unesa; em Direito, Justiça e Cidadania pela Faculdade Maurício de Nassau; e em Direito do Estado, pela Faculdade Baiana de Direito.

Richard A. Posner

Jurista americano e teórico do Direito, graduado pela Harvard School of Law. De 1962 a 1963, Posner trabalhou como funcionário do Justice William J. Brennan na Suprema Corte americana. É *Senior Lecturer* da Escola de Direito da Universidade de Chicago, desde 1981, e juiz do Tribunal de Apelação para o Sétimo Circuito. Foi extremamente influente no campo do *Law and Economics*. É autor de inúmeros livros, como *Economic Analysis of Law* (8th ed., 2011), *The Economics of Justice* (1981), *Law and Literature* (3rd ed., 2009) e *The Problems of Jurisprudence* (1990). Em 2008, a *University of Chicago Law Review* publicou uma edição especial, intitulada "Comemorando vinte e cinco anos do juiz Richard A. Posner".

Rogério Moraes

Mestrando em Poder Judiciário pela Fundação Getulio Vargas – Direito Rio.

Wellington Beckman Saraiva

Mestrando em Poder Judiciário pela Fundação Getulio Vargas – Direito Rio.

Sumário

Apresentação 1

Sobre o recebimento da medalha Ronald H. Coase: incerteza,
a crise econômica, e o futuro do direito e economia 3
Richard A. Posner

Comentários ao artigo 17
Antônio Carlos Porto Gonçalves

Introdução 19
Antônio José Maristrello Porto

Comentário à Introdução 29
Antônio Carlos Porto Gonçalves

PARTE I
REGULAÇÃO DO SISTEMA FINANCEIRO
NO CONTEXTO INTERNACIONAL

1 Regulação e supervisão prudencial 33
   Cherubin Helcias Schwartz Junior

2 Regulação, Globalização e Acordos de Basileia 39
   Fernando Jorge Cassar

3 Risco sistêmico 45
Patrícia Cerqueira de Oliveira

4 Políticas Públicas em tempos de crise:
O caso do Sistema Financeiro Internacional 51
Claudia Regina Lima Rentroia

5 Causas e Efeitos da Crise de 2008 61
Wellington Beckman Saraiva

PARTE II
REGULAÇÃO E CONCORRÊNCIA NO SISTEMA FINANCEIRO NACIONAL

1 O Banco Central do Brasil 69
Katia Regina Tinoco Ribeiro de Castro

2 Fundamentos constitucionais da livre concorrência no setor bancário ... 75
Beatriz Castilho Costa

3 Defesa da concorrência no sistema financeiro 85
Rogério Moraes

4 O Conflito de Competência entre CADE e BACEN: (in)segurança
jurídica e econômica do Sistema Financeiro Nacional 89
Caroline da Rosa Pinheiro
Dione Valesca Xavier de Assis

5 Responsabilidade penal dos administradores
das instituições financeiras 111
Genicy de Araujo Sena

Considerações finais: notas sobre concorrência e regulação
no setor bancário nacional 121
Patrícia Sampaio
Andréa Lavourinha

Apresentação

Antônio Carlos Porto Gonçalves
Antônio José Maristrello Porto
Patrícia Regina Pinheiro Sampaio

O presente livro aborda alguns dos principais temas que vêm permeando as discussões acerca da regulação do sistema financeiro. Seu objetivo reside em constituir um guia de estudo, ao mesmo tempo didático e atual, sobre o setor, assim como apresentar as principais instituições e normas incidentes, das perspectivas internacional e doméstica.

A título de abertura do livro, temos a honra de publicar a tradução do artigo de Richard Posner "On the receipt of the Ronald H. Coase Medal: uncertainty, the economic crisis, and the future of law and economics", fruto da palestra proferida por ocasião do recebimento da medalha Ronald H. Coase – prêmio bianual que visa reconhecer as principais contribuições ao direito econômico.

Em seguida, o livro encontra-se dividido em duas partes. A primeira é composta por um conjunto de artigos que abordam os aspectos internacionais da regulação financeira e traçam algumas considerações sobre a crise de 2008.

Na segunda parte privilegia-se a análise da regulação e da concorrência nos mercados que compõem o Sistema Financeiro Nacional. São apresentadas as competências dos órgãos e entidades que compõem o SFN e ênfase é conferida ao debate acerca da relevância da defesa da concorrência nesse setor, tema que perpassa um conjunto de artigos ali expostos, cuja atualidade, como se poderá observar, mostra-se inconteste.

A maioria dos artigos que integram esta obra foi produzida por alunos do Mestrado em Poder Judiciário da Fundação Getulio Vargas – Direito Rio no âmbito da disciplina "Macroeconomia e Regulação Financeira", ministrada em conjunto pelos professores Antônio Carlos Porto Gonçalves e Antônio José Maristrello Porto.

O último texto do livro realiza uma pequena síntese da interação entre relação e concorrência no país, à luz das peculiaridades do setor bancário.

Este livro é encerrado no mesmo mês em que o Congresso Nacional aprovou o projeto de lei nº 2.937/2004, o qual reestrutura o Conselho Administrativo de Defesa Econômica – Cade e introduz algumas modificações relevantes ao direito concorrencial pátrio. Esta lei, após a *vacatio legis* estabelecida, revogará praticamente a integralidade da Lei nº 8.884/1984, referenciada em alguns dos artigos que compõem esta obra.

Sobre o recebimento da medalha Ronald H. Coase: incerteza, a crise econômica, e o futuro do direito e economia[*,**]

RICHARD A. POSNER[***,1]

Este artigo discute problemas na análise econômica do direito, decorrentes da crescente especialização dos profissionais acadêmicos deste ramo da economia que toma como seu objeto um tema fluido, contestável e obstinadamente normativo, que é o direito. Como resultado da pouca familiaridade da maioria dos analistas econômicos do direito com a teoria macroeconômica (devido às suas especializações em áreas relevantes da microeconomia), eles tiveram problemas (com exceções importantes, é claro) em contribuir para a compreensão da recente crise financeira. A crise revela a importância de uma série de questões, incluindo a legislação financeira e antitruste, a economia da incerteza (na acepção de Knight-Keynes) e a economia das organizações.

Estou profundamente honrado por receber esta medalha, eu a aceito com prazer, mas com um espírito de humildade. Ronald Coase é um dos maiores economistas modernos, e sua contribuição para a análise

---

* "On the Receipt of the Ronald H. Coase Medal: Uncertainty, the Economic Crisis, and the Future of Law and Economics", *American Law and Economic Review*, 12 (2), (2010), 265-279.
** Tradução: Eliana Consoni Rossi (DSc), Gabriel Pereira Berbert Queiroz, Lahiz de Matos Longobardi e Rafaela de Paula Rios. Revisão Técnica: Antônio José Maristrello Porto (JSD).
*** U.S. Court of Appeals for the Seventh Circuit and University of Chicago Law School. Correspondência: Richard A. Posner, University of Chicago Law School, 1111 East 60th, Chicago, Illinois 60637. E-mail: richard_posner@ca7.uscourts.gov.
1. Esta é a revisão do rascunho de minha palestra proferida em 7 de maio de 2010, no encontro anual da American Law and Economics Association, na Universidade de Princeton, em agradecimento ao recebimento da Medalha Ronald H. Coase de 2010. Agradeço a William Landes por seus comentários muito oportunos no rascunho anterior.

econômica do direito tem sido imensa. Como não sou nostálgico, e resisto a lembranças, vou aproveitar esta oportunidade para falar sobre o presente e o futuro imediato da análise econômica do direito (ninguém pode saber o que o futuro distante nos reserva), com especial referência para o que eu considero as implicações de nossa atual crise econômica (cada vez mais intitulada como uma "grande recessão" – e eu estou sozinho ao considerá-la uma depressão típica,[2] talvez não na escala da depressão dos anos 1930) para a compreensão da nossa área de estudo.

Quando uma área de estudo se expande, ela se torna especializada. O trabalho é dividido de modo preciso. Cada trabalhador tem um escopo mais estreito. Logo, ele se põe a explorar mais profundamente e seu trabalho fica mais repetitivo. Dessa forma, torna-se mais rápido e mais preciso. Nós observamos isto na análise econômica do direito. O aumento da especialização, desde os primórdios do estudo (mais ou menos nos anos 1960, embora tenha havido importantes precursores, retrocedendo a Bentham no século XVIII, com algumas tentativas ao longo do caminho[3]), tem sido impressionante. Há, atualmente, tratados, enciclopédias, livros didáticos, um número surpreendente de periódicos[4] e inúmeros artigos, alguns reunidos na útil série multivolume da editora Elgar,[5] trabalho teórico e empírico, trabalho feito por advogados, economistas e híbridos, trabalho realizado em escolas de direito, em departamentos de economia, em escolas de negócios, disseminado nesses locais, mas também em faculdades, trabalho realizado por empresas de consultoria especializadas em análise econômica de litígio, e depoimento de testemunhas especialistas em economia, relatórios do governo e, até mesmo, decisões judiciais. E como a área se expande, aumenta a especialização. Mais postos de pesquisa aparecem e são preenchidos.

Especialização em geral e, neste caso, acompanhada de treinamento mais especializado, permite uma análise competente e profunda. Isto aumenta a duração do processo educacional e acelera a tendência natural da especialização para gerar um vocabulário especial, um jargão que promove a economia e a precisão da comunicação dentro da área de especialidade, mas a torna incompreensível para quem está de fora. Tudo isso é de pouca importância se falarmos de uma área como a arqueologia. Pouco importa que o treinamento para se tornar um arqueólogo seja demorado e que os arqueólogos utilizem um vocabulário especializado. Particularmente não

---

2. Veja meu livro *The Crisis of Capitalist Democracy* (2010), 210-218.
3. Veja, por exemplo, John R. Commons, "Law and Economics", *Yale Law Journal* 34 (4), (1925), 371-382.
4. *Journal of Law and Economics, Journal of Legal Studies, Journal of Law, Economics, and Organization, European Journal of Law and Economics, International Review of Law and Economics, Review of Law and Economics, Research in Law and Economics, Economics of Legal Relationships*. E o novo periódico da Harvard Law School, o Journal of Legal Analysis, que parece estar profundamente investido em análise econômica do direito, a julgar pelo conteúdo dos primeiros cinco anos. Além disso, muitos artigos aplicando economia ao direito aparecem em periódicos convencionais de direito editados por estudantes.
5. Economic Approaches to Law series. (Nota da tradução)

importa que eles empreguem um vocabulário que os hititas, os maias e outros povos do estudo arqueológico não pudessem vir a entender, mesmo que eles não estivessem extintos. Porém é importante notar que o aumento da especialização na aplicação da economia ao direito dificultou a compreensão de juízes e advogados. Sócios *juniores* em escritórios de advocacia e assistentes de juízes de direito são intermediários imperfeitos entre a análise econômica acadêmica do direito e o emprego desta análise no mundo "real" da prática do direito, da adjudicação e das formulações de políticas legislativas e administrativas.

Economia é uma área prática. Mesmo os economistas que se limitam à análise positiva gostam de pensar que suas análises contribuem para a melhoria social e, frequentemente, são motivados pela crença de que seus resultados irão alterar a política. Isto é a verdade da análise econômica do direito, pois o direito é fluido, contestável, obstinadamente normativo e precisa desesperadamente da orientação dos acadêmicos que estudam o comportamento humano. Mas quanto mais especializada a análise econômica do direito, se torna maior a dificuldade que os advogados e os juízes, os membros do legislativo e as agências reguladoras encontrarão ao tentar entender como esta análise poderá orientá-los em seu trabalho.

Isso é óbvio, mas menos óbvio é que a especialização pode – e eu penso no caso em que a análise econômica do direito em certa medida o faz – limitar a compreensão do especialista da área estudada, se o estudo for sobre uma atividade social ampla, complexa, articulada, porém, subteorizada, como o direito. Há duas questões. A primeira está relacionada à demora do treinamento do acadêmico no direito econômico, o que limita sua participação na real prática do direito. Cada vez mais, o treinamento para uma carreira acadêmica na análise econômica do direito é concebido para resultar a obtenção de dois tipos de graduação acadêmica (direito e economia) e um estágio de dois anos como pesquisador-colaborador, preparatório para sua primeira atividade acadêmica nomeada. Esse regime de trabalho prevê tempo para o estágio, mas por pouco tempo, até que inicie uma carreira acadêmica de período integral. O advogado/economista que nunca deixa a universidade (exceto por um ou dois anos de estágio) poderá ter dificuldade em se comunicar com advogados que saem da universidade mais cedo e com a sensação de alívio. Mas, além disso, ele poderá nunca atingir um domínio de conhecimento que, ainda que não seja essencial, possa ser útil para o estudo econômico produtivo do sistema legal.

Aprender o direito é como aprender uma língua. Você não pode aprender uma língua lendo um dicionário e uma gramática, tem que mergulhar no aprendizado. Com o direito é semelhante. Você não poderá aprendê-lo somente lendo livros, embora ler, profunda e cuidadosamente, esses livros seja essencial. É preciso fazer leis para conhecer o direito, da mesma forma que é preciso ler e falar uma língua para conhecê-la. O aumento da especialização na análise econômica do direito torna difícil para o analista econômico experimentar o necessário mergulho para compreender bem o direito. Uma solução óbvia é a colaboração entre o advogado e o economista. Mas quanto mais as áreas se afastam, maior a dificuldade para que tal colaboração aconteça.

Um exemplo da dificuldade é a surpreendentemente limitada contribuição que os analistas do direito econômico têm dado para o estudo da crise econômica global atual, que começou no verão de 2007 e que, quase três anos depois, continua a reverberar. Uma recuperação econômica teve início, mas nós estamos vivenciando um pós-choque profundo, tanto política quanto economicamente, que consiste de reformas regulatórias questionáveis, uma rebelião contra a desregulamentação, um desemprego involuntário persistente, uma crise fiscal incipiente causada por níveis sem precedentes de gastos deficitários e uma crise financeira na Europa que está envolvendo a América.

Parte da razão para a lenta resposta da análise econômica do direito à crise é que a macroeconomia, central à compreensão do ciclo de negócios, foi, por muito tempo, pensada sem que se considerasse qualquer relação com o direito. Como resultado, praticamente nenhum analista econômico do direito tem um conhecimento macroeconômico substancial ou uma inclinação para se engajar em importantes questões macroeconômicas. Isto se torna um problema, porque sem um conhecimento de macroeconomia é provável que o analista deixe escapar o lado obscuro da desregulamentação financeira, aquele que tende a aumentar o perigo de uma recessão ou de uma depressão. (Eu deixei escapar isto[6]). Uma indústria comum, como a indústria de transporte aéreo, pode ir à falência sem derrubar o resto da economia. Em razão das altas taxas de custos fixos sobre custos variáveis da indústria de transporte aéreo, das oscilações imprevisíveis da demanda e dos custos do combustível, esta indústria está constantemente oscilando à beira da falência. De fato, a indústria de transporte aéreo quebrou quando o tráfego despencou no rastro dos ataques terroristas ocorridos em 11 de setembro de 2001. Uma modesta recuperação financeira salvou a indústria, apesar da United Airlines, até então a maior empresa aérea norte-americana, ter declarado falência no ano seguinte, altura em que, no entanto, o pânico da resposta aos ataques de 11 de setembro havia diminuído.

Mas o setor bancário (em sua definição mais ampla, a fim de incluir todos os intermediários financeiros e não apenas os bancos comerciais, que têm diminuído em importância) é fundamental para a economia porque a economia moderna opera sob o crédito. Se há um colapso no setor bancário, este setor carrega consigo o resto da economia, como acabamos de aprender. E sem uma regulamentação eficaz e uma

---

6. Veja Fischer Black, Merton H. Miller, e Richard A. Posner, "Approach to the Regulation of Bank-Holding Companies," *Journal of Business*, 51 (3) (1978), 379-412.

política monetária sólida, o setor entrará em colapso de tempos em tempos porque, como a indústria de transporte aéreo, embora por razões diferentes, é intrinsecamente frágil. A base de seu modelo de negócio é pedir emprestado no curto prazo e emprestar no longo prazo. As taxas de juro de curto prazo são baixas porque o credor retém liquidez e corre um leve risco de inadimplência do devedor. Já as taxas de juro dos empréstimos de longo prazo são elevadas porque o credor perde liquidez e assume um risco maior de inadimplência da parte do seu devedor. Mas tomar emprestado no curto prazo coloca os recursos de uma empresa em risco de serem subitamente retirados, caso os fornecedores de recursos passem a se preocupar com a solvência do devedor, o que representa um sério perigo, a menos que os recursos de curto prazo sejam garantidos pelo governo federal – e a maioria destes recursos de curto prazo da indústria bancária não estava garantida pelos órgãos federais. Apesar de seus ativos de longo prazo (hipotecas, por exemplo), um banco vai à falência se seus depósitos forem retirados subitamente.

A ausência da macroeconomia no conjunto de habilidades dos analistas econômicos do direito não é uma explicação completa para a morosidade de suas respostas à crise econômica, pois o epicentro da crise é, como eu já disse, a indústria bancária, e muitos analistas econômicos do direito possuem formação apenas em finanças. A crise envolve tanto falência, como bens imóveis e regulamentação de garantias. Todas essas áreas são da competência dos analistas econômicos do direito. Quando se considera o conjunto de áreas do direito que têm relação direta com a crise – não apenas as aqui mencionadas, mas regulamentação bancária, transações de seguro, proteção ao consumidor, comércio internacional, regulamentação das políticas fiscais e monetárias, desregulamentação financeira, regulamentação financeira internacional, finanças do estado, governança corporativa, compensação corporativa, seguros, e regulamentação da contabilidade – pode parecer surpreendente quão pouco nós escutamos sobre a crise dos analistas econômicos do direito.

Mas a surpresa se dissipa quando se pensa que é preciso mais para compreender a crise econômica do que conhecimento em finanças ou a compreensão de determinados mercados econômicos. Para entender que as sucessivas falências bancárias podem precipitar uma depressão, é preciso ter conhecimento de macroeconomia. O tratamento controverso das falências da Chrysler e da General Motors não pode ser entendido e avaliado sem que se considerem as possíveis consequências macroeconômicas dessas empresas serem liquidadas, como no caso de as falências ocorrerem da maneira convencional. Nem poderiam as bolhas da habitação e do crédito, que precipitaram o colapso econômico de 2008, ser entendida sem se levar em conta a economia das transações comerciais de impulso[7] em habitações e em

---

7. Transação que visa obter ganhos num período de 1 a 4 dias. (Nota da Tradução)

ações, tradicionalmente um tema de pouco interesse para os analistas econômicos dos mercados imobiliários e de ações.

Uma das causas do atraso na resposta da análise econômica do direito para a crise econômica é que os pesquisadores acadêmicos estão acostumados a esperar pelo acúmulo de um material teórico substancial e de dados antes de formular conclusões, a insistir na profundidade e na originalidade, a um alto grau de precisão, ao reconhecimento escrupuloso dos antecessores, e a publicar suas conclusões em periódicos *peer-reviewed*, o que implica um atraso considerável devido ao processo de revisão por pares. Estes costumes impedem respostas "em tempo real" a um repentino e imprevisto fenômeno, pouco estudado e complexo, que não suportaria esperar pelo escrutínio acadêmico: uma boa descrição da crise econômica. À medida que a análise econômica do direito se torna cada vez mais acadêmica no sentido convencional, a capacidade de seus profissionais para contribuir em tempo hábil para a compreensão desse fenômeno diminui. O problema é especialmente grave no caso da atual crise econômica, porque muitos dos dados relevantes – sobre práticas de empréstimo, passivo contingente não incluído no balanço, novas garantias de derivativos (como os créditos-padrão *swaps*), modelos de gestão de risco e títulos complexos tais como obrigações de dívida de caução – são conhecidos apenas pelos iniciados, e poucos analistas econômicos do direito já trabalharam como advogados ou executivos do setor financeiro ou com bens imóveis –, eles não têm tempo; foram submetidos à formação especializada do moderno analista econômico do direito.

Há exceções para a proposição de que é preciso ser um *insider* das finanças ou do mercado imobiliário para ser capaz de entender a crise econômica. Lucian Bebchuk é o primeiro a vir à mente. Ele teve a sorte de tornar-se profundamente envolvido com a crítica das práticas de compensação das empresas antes de essas práticas passarem a ser identificadas como uma causa da crise econômica.[8] Ele estava preparado para intervir efetiva, inteligente e prontamente[9] no que se tornou um grande debate nacional sobre a relação de tais práticas com o colapso financeiro que desencadeou a mais ampla crise econômica da qual ainda não emergimos. Elizabeth Warren é outra proeminente professora da Escola de Direito de Harvard, que tem influenciado a resposta política à crise econômica, mas ela não é uma analista econômica.

---

8. Veja Lucian A. Bebchuk e Jesse M. Fried, "Executive Compensation as an Agency Problem", *Journal of Economic Perspectives*, 17 (3), (2003), 71-92.
9. Veja "Toxic Tests", *Project Syndicate*, junho de 2009; disponível em: <http://www.law.harvard.edu/faculty/bebchuk/opeds/06-09_ProjectSyndicate.pdf> [acessado em 1º de novembro de 2009]; "Let the Good Times Roll Again?", *Project Syndicate*, julho de 2009; disponível em: <http://www.law.harvard.edu/faculty/bebchuk/opeds/07-9_ProjectSyndicate.pdf> [acessado em 13 de outubro de 2009]; U.S., *House Committee on Financial Services 111th Congress*, "Hearing on Compensation Structure and Systemic Risk: Written Testimony Submitted by Professor Lucian A. Bebchuk", Comissão de Jurados nº 2, 11 de junho de 2009.

Professores de escolas de negócios foram muito mais rápidos que os analistas econômicos do direito (a Stern School of Business da New York University publicou um livro soberbo de análises da crise alguns meses após o pico da crise em setembro de 2008[10]), por razões óbvias, mas também por uma não tão óbvia: a faculdade de negócios está mais próxima das empresas e dos empresários do que os analistas econômicos do direito estão da prática da lei.

Há outra razão para que esses analistas tivessem sido lentos no entendimento, e esta é uma razão que tem amplas implicações para a nossa área. A crise econômica tem levantado questões sobre a precisão de alguns dos pressupostos que orientam muitas pesquisas econômicas, incluindo a pesquisa sobre o sistema jurídico. O colapso financeiro em setembro de 2008 e a desaceleração muito acentuada da economia "real" que se seguiu não deveriam ter acontecido, assim como se acreditou que os mercados financeiros, incluindo o mercado de ações, eram autorrregulados, que o movimento de desregulamentação (incluindo a desregulamentação dos serviços bancários), iniciado no final de 1970, foi uma vingança da economia de livre mercado, e que o entendimento dos profissionais de economia sobre a política monetária tinha evoluído a ponto de o banco central de uma nação poder eliminar oscilações agudas no ciclo de negócios através do controle sobre as taxas de juro de curto prazo. Todas estas crenças mostraram-se erradas.

A desilusão resultante e as necessárias reavaliações têm implicações para a análise econômica do direito que vão além de qualquer interesse específico que se possa ter no direito e na economia do ciclo de negócios. Você pode esperar que eu esteja prestes a anunciar a vitória da economia comportamental.[11] Mas eu não estou. Acho que a crise econômica tem mostrado que precisamos prestar mais atenção ao efeito da incerteza sobre o comportamento da escolha racional na economia. Com isso, quero dizer que temos que fazer distinção entre a incerteza de Frank Knight-John Maynard Keynes e o risco no sentido de uma probabilidade calculada.[12] Há um risco calculável em descartar um *royal flush* num jogo de pôquer, mas a probabilidade de um ataque terrorista aos Estados Unidos nos próximos seis meses não pode ser calculada.

A incerteza é uma característica que permeia a vida humana. O casamento é um exemplo. Em nossa sociedade, a probabilidade de que um dado casal venha a se divorciar não pode (em geral) ser calculada no momento do seu casamento. As

---

10. *Restoring Financial Stability: How to Repair a Failed System*, Viral V. Acharya e Matthew Richardson eds., 2009.
11. Para uma crítica interessante, veja Tanina Rostain, "Homo Economicus: Cautionary Notes on the New Behavioral Law and Economics Movement", *Law & Society Review*, 34 (4), (2000), 973-1006.
12. Veja *The Crisis of Capitalist Democracy*, nota 2 acima, cap. 9 "The Economics of Uncertainty"; e Eric L. Talley, "On Uncertainty, Ambiguity, and Contractual Conditions", *Delaware Journal of Corporate Law*, 34 (3), (2009), 755-812.

pessoas acautelam-se quando lidam com a incerteza. No caso do casamento, incluem-se os acordos pré-nupciais. À medida que o número de divórcios aumenta, embora a probabilidade de um divórcio particular permaneça incerta, a expectativa racional é de que esses acordos venham a se tornar mais comuns. Mas como a probabilidade de um divórcio não pode ser estimada, torna-se difícil modelar a decisão de casar como uma decisão baseada na análise de custo-benefício. Mais amplamente, a incerteza impede o uso da análise custo-benefício para identificar o investimento público ou privado ideal, ou outras atividades econômicas, uma vez que os custos ou os benefícios (ou ambos) de um dado curso de ação geralmente são probabilísticos em vez de quantidades determinadas.

Essa é uma das razões por que os economistas não gostam de incertezas. Outra é porque a incerteza parece introduzir irracionalidade ao estudo do sistema econômico. Assim, eles recuam para o conceito de "probabilidade subjetiva" (em oposição à probabilidade objetiva, que é a probabilidade com base em frequência/indução ou em teoria[13]), mostrando que as pessoas implicitamente atribuem probabilidade a eventos incertos, como no caso em que se casam mesmo sem serem capazes de calcular a probabilidade objetiva de divórcio, ou escolhem uma carreira mesmo sem saber como ela as remunerará. Seja em termos pecuniários ou não pecuniários, elas seguem em frente. Mas arranjar uma probabilidade infundada não é o que as pessoas fazem quando têm que agir em situação de incerteza, nem é racional construir uma probabilidade que não tenha uma base objetiva. Ao contrário, as pessoas atuam **apesar** da incerteza – aproveitando uma chance mesmo sem saber o que a "chance" significa em termos de probabilidade calculável.

Sempre é possível "calcular" a probabilidade de um evento incerto dividindo o custo de ele ocorrer pelo custo de se evitar que ele ocorra. Então, se há custo para evitar sua ocorrência, a probabilidade calculada é o limite inferior da probabilidade de que o evento ocorra. Por exemplo, se você teve um custo de 10 dólares para evitar uma perspectiva incerta de perder 1.000 dólares, a conclusão é que a probabilidade de perda (a menos que você tenha provocado esse custo) foi, pelo menos, 1%. Mas, se o evento era incerto nos termos de Knight-Keynes, sua ação não poderia ter sido motivada pelo conhecimento de que a probabilidade do evento era, no mínimo, 1%.

Este é um ponto importante, pois as estimativas dos economistas do valor de uma vida humana desempenham um papel importante em vários contextos de regulamentação que, cada vez mais, em casos de morte injusta, são baseadas em tais imputações – mas, ao que me parece, arbitrariamente imputadas – probabilidades

---

13. Há alguma teoria implícita em cada cálculo de probabilidades objetivas. Por exemplo, utilizar frequência como base para a prognóstico confiável requer fundamentos de crença de que o futuro relevante será como a parte (por exemplo, que os dados que estão sendo jogados não foram adulterados para fazer o 6 num deles resultar em 1/2 dos lances, em vez de 1/6 do total).

numéricas. Suponha que a observação do comportamento das pessoas dirigindo mostre que elas não irão incorrer num custo de 1 dólar de atraso na chegada ao seu destino, a fim de reduzir a probabilidade de serem mortas em um acidente de trânsito cuja ocorrência é de menos de um em sete milhões. Então, aplicando a fórmula de "valor da vida" $v = c/p$, onde c é o custo de evitar e p a probabilidade de morte se a ação custosa não foi realizada, o valor da vida (v) é de 7 milhões de dólares. Equivalentemente, $c = vp$. Ou seja, o custo máximo ideal para evitar a morte é o valor da vida descontada a probabilidade de morte, caso medidas de prevenção não sejam adotadas. Mas, provavelmente, o motorista representado nesta análise não tem a menor ideia do que seja p. Assim, a "preferência" que ele "revela" por seu comportamento em incorrer ou não incorrer no custo c – preferência revelada como o método favorito usado por economistas para determinar as avaliações das pessoas – é um índice não confiável de suas reais preferências.

Outra resposta dos economistas para o problema da incerteza, além da invocação de probabilidades subjetivas, é atribuir arbitrariamente uma probabilidade baixa para a ocorrência de um evento incerto que beira o limite do risco de sua ocorrência. Mas muitas probabilidades desconhecidas não são pequenas. A probabilidade de divórcio, ou de fracasso de uma empresa de pequeno porte, ou de profunda decepção com a carreira não é pequena. Além disso, as consequências de um risco quando ele se materializa são grandes, a magnitude exata do risco pode ser crítica. Suponha que alguém está determinando o quanto o mundo deve gastar tentando evitar um aquecimento global abrupto (por exemplo, um aquecimento global catastrófico na próxima década) que viria (supondo que as consequências não fossem incertas) a impor um custo de 500 trilhões de dólares. Faz uma grande diferença se a probabilidade é de 5% ou de 0,05% – e ninguém sabe qual é a probabilidade. Ela poderia estar em qualquer percentual entre 0 e 100%.

Incerteza é a chave para compreender o ciclo do negócio e, consequentemente, propicia eficientes respostas para ele.[14] Se os preços das ações estão subindo, ninguém sabe por quanto tempo a tendência vai continuar. Mas o fato de que muitos investidores estejam comprando (o que explica por que os preços estão subindo) é um indicador de que pelo menos alguns investidores consideram as ações uma barganha e irão continuar comprando, mesmo que por um tempo (outros, porém, podem apenas estar comprando por acreditar que a maioria dos investidores continuará comprando). Assim, os preços sobem porque os preços estão subindo, e não em razão de mudanças nos fundamentos da oferta e da demanda. Este é o fenômeno da bolha nos preços dos ativos, uma consequência comum da transação

---

14. A análise que acompanha consta em *The Crisis of Capitalist Democracy*, nota 2 acima, principalmente no Capítulo 2.

comercial de impulso que, embora arriscada, não é irracional (demanda crescente diante de preços crescentes sugere que muitas pessoas acreditam que o ativo está desvalorizado). E da mesma forma, nas transações de outros ativos como a habitação, no início dos anos 2000. Taxas de juro muito baixas, graças à política monetária insensata do presidente do *Federal Reserve*, Alan Greenspan, reduziram o custo real da casa própria (visto que as casas são compradas principalmente com empréstimos) e isto aumentou a demanda. Uma vez que o estoque habitacional é extremamente durável e, por conta dos atrasos na criação de novos conjuntos residenciais, a oferta de moradias novas é inelástica no curto prazo, o aumento acentuado na demanda por casas resulta em preços mais elevados e não exatamente em mais construção de casas. Hipotecas de taxa ajustável permitiram que pessoas de posses modestas especulassem no mercado imobiliário. Esta especulação foi racional, porque se o valor de mercado de habitação continuasse a subir, eles seriam capazes de refinanciar a sua casa a uma taxa atraente. Caso contrário, se suas hipotecas fossem "para o ralo", eles poderiam desistir da casa, geralmente a baixo custo.

Quando o preço inflado dos ativos atinge o ponto no qual quase todo mundo que quer e pode pagar o ativo já o tenha comprado, o preço se nivela no topo e, então, é muito provável que caia, já que as pessoas que compraram os ativos recentemente com a esperança, agora frustrada, de que os preços subiriam, começam a vender. A dinâmica agora se inverte. Vendo que as pessoas estão vendendo, outros proprietários de ativos, temerosos de que o valor de mercado do ativo caia, começam a vender também, empurrando assim o preço para baixo. Outro fator entra em cena quando, como aconteceu no verão e no outono de 2008, o colapso da bolha dos preços dos ativos provocou o declínio da atividade econômica em geral. O setor bancário havia investido tão fortemente em habitação que o colapso dos preços da habitação levou a indústria à beira da falência e, em uma série de casos, à falência.

Se a queda é acentuada o suficiente a ponto de ocasionar incerteza – na acepção de Knight-Keynes – sobre estar ou não entrando em recessão ou em depressão, pode ser que se inicie uma espiral descendente. Uma resposta racional à incerteza é simplesmente nada fazer, na expectativa de ser capaz de eliminar ou reduzir a incerteza, antes que alguém precise agir, para que se possa agir mais inteligentemente (isto é como comprar uma opção). Mas quando os consumidores permanecem inertes e optam por nada fazer, o consumo cai. Quando os credores assim agem, tanto a produção quanto o consumo cai. Como as empresas passam a vender menos e a reduzir os projetos de investimento, a taxa de emprego cai e, com ela, o consumo. Para interromper a espiral descendente, uma ação dramática do governo torna-se necessária, tal como nós temos visto nos últimos dois anos.

A questão não é se a economia precisa da psicologia – tida como o estudo das imperfeições cognitivas causadas por emoções ou limitações do cérebro –, pois não há nada de irracional na transação comercial de impulso (portanto, nas bolhas), nos efeitos de opinião negativa (como a espiral econômica descendente que eu descrevi), ou numa resposta como o "nada fazer" (uma resposta provisória, uma vez que foi para os riscos não calculáveis). A questão é que algumas proposições econômicas muito aceitas, tais como os preços das ações só capitalizam os lucros das empresas, ou os preços dos imóveis capitalizam apenas os valores da locação, são na realidade simplórias.

Como exemplo adicional de uma economia (ligeiramente) revisionista que não conta com os *insights* da psicologia, considere o "comportamento de manada", geralmente proposto como um exemplo de irracionalidade que só a psicologia pode explicar. Na verdade, o comportamento de manada é racional, e não apenas entre os (outros) animais (se você é um antílope e vê os outros antílopes subitamente começarem a correr em pânico, você é orientado a se juntar a eles porque eles podem estar fugindo de um leão ou de outro predador). O negócio de impulso é um exemplo de comportamento racional de manada.

Ou suponha que, na opinião dos analistas de ações, a ação de alguma empresa está subvalorizada. Você é um analista de ações e discorda, acha que está supervalorizada. Você recomendará a seus clientes que eles vendam as ações? Provavelmente não, a menos que você esteja extremamente seguro de que está certo ou seja extremamente ousado (o temperamento difere entre as pessoas, e o temperamento influencia a ação – especialmente em condição de incerteza, na qual os dados "objetivos" não podem orientar a decisão de forma confiável), porque, se você está errado, ficará em evidência e será criticado. Se, apesar de suas dúvidas, você aconselhar a compra de ações e estiver errado, torna-se parte do rebanho, no qual todos estão errados, e ninguém tem culpa. Por isso (dependendo da sua estimativa de probabilidade), a decisão que maximiza sua expectativa de retorno pode ser acompanhar a manada, apesar de sua descrença na sabedoria do rebanho.[15]

Quero dar outro exemplo de como trazer a incerteza para a análise econômica pode explicar o comportamento aparentemente irracional, sem postular irracionalidade. Foi observado que os preços das ações tendem a cair no final de cada trimestre, um padrão que não pode ser explicado por mudanças na previsão dos lucros das empresas, nem por transações comerciais de impulso. A explicação parece ser fornecida pelo muito promissor, e bastante atual, campo recentemente renovado da economia da organização.[16] O final do trimestre (ou do ano, que coincide com o fim

---

15. Suponha que a probabilidade de sua recomendação de compra correta seja p, então a probabilidade de ser incorreta é $1-p$; considere que o seu benefício no próximo salário em função de uma melhor reputação seja x e a sua perda no futuro salário em função de uma diminuição de sua reputação seja y; então, você recomendará comprar se $px > (1-p)y$ e você recomendará vender se $px < (1-p)y$.
16. Veja Richard A. Posner, "From the New Institutional Economics to Organization Economics:

do trimestre) é a época habitual, em que o desempenho de um gerente de carteiras é avaliado por seus clientes ou por seus superiores. Se o seu portfólio contiver uma série de ações que perderam valor durante o trimestre, ele terá algumas explicações a dar. Ao invés de ter que fazer isso, ele pode decidir vender as ações perdedoras antes de sua revisão trimestral. A incerteza desempenha um papel aqui, pois se os gestores de carteira de ações fossem bons selecionadores de ações, um gerente não teria muitas ações perdedoras obrigando-o a se explicar. Mas há alguns poucos bons selecionadores de ações por causa da rapidez com que se dissemina a informação no mercado de ações e, igualmente importante, porque o futuro é incerto e o comportamento dos outros investidores é incerto (uma vez que eles podem estar negociando com base em suas expectativas sobre outros investidores), de modo que as oscilações nos preços de determinadas ações, ou para aquele setor no mercado como um todo, não pode ser previsto com precisão.

Meu último exemplo vai me trazer mais perto das preocupações tradicionais de análise econômica do direito. O célebre economista inglês, John Hicks, disse a famosa frase: "o melhor de todos os lucros do monopólio é uma vida tranquila",[17] e essa afirmação tem sido ridicularizada por analistas antitruste, inclusive eu,[18] porque ignora a equivalência de custos explícitos e os custos de oportunidade. O monopolista que falha ao tocar seu negócio está jogando dinheiro fora, e nós sabemos (este é outro ditado preferido dos economistas) que ninguém falha em pegar uma nota de 1 dólar que vê jogada na calçada – o que seria irracional, pois o tempo gasto para pegar a nota tende a valer menos que 1 dólar. Mas a economia da organização e o conceito de incerteza de Knight-Keynes pode nos ajudar a ver que Hicks pode estar certo. Suponha que você esteja conduzindo um negócio rentável, ou um departamento de um negócio rentável, e não está seguro – como você poderia estar seguro? – de que uma mudança na operação do negócio o tornaria mais, ao invés de menos, rentável. Você estará racionalmente relutante a mudar se, de acordo com a aversão ao risco, pesar as perdas mais do que pesa ganhos. Além disso, economizar nos custos provoca tensões e animosidades no local de trabalho porque economizar geralmente envolve demissões, ou fazer os funcionários trabalharem duro, ou cortar benefícios (ou todos os três), e estas tensões e animosidades são reais. Embora não pecuniárias, custam

---

With Applications to Corporate Governance, Government Agencies, and Legal Institutions", *Journal of Institutional Economics*, 6 (1), (2010), 1-37; Luis Garicano e Richard A. Posner, "Intelligence Failures: An Organizational Economics Perspective", *Journal of Economic Perspectives*, 19 (4), (2005), 151-170; e referências citadas nesses artigos.

17. J. R. Hicks, "Annual Survey of Economic Theory: The Theory of Monopoly", *Econometrica*, 3 (1), (1935), 1-20.

18. Veja Richard A. Posner, *Antitrust Law*, 2ª ed., (2001), 18-19. Mas eu introduzi ressalva a esta crítica mostrando que "a competição oferece um *benchmark* para avaliar o desempenho do gestor. Esse *benchmark* é omisso quanto ao mercado monopolista e, portanto, torna mais difícil para a empresa avaliar seus gestores". *Id.*, 21. Esta ressalva está relacionada, mas não é idêntica ao ponto que destaco no texto acima.

para a gerência. O resultado da relutância racional para a mudança é que a negligência tende a acumular-se em uma organização em tempos de prosperidade. Quando, por causa de aumento da concorrência ou mudança nas preferências dos consumidores, a organização ingressa em tempos difíceis, a pressão para cortar custos aumenta e a negligência proporciona um alvo atraente. Os custos explícitos que incidem no bolso são cortados diante da adversidade, mas os custos de oportunidade são autorizados a aumentar em época de prosperidade. Novamente um comportamento racional, mas inconsistente com a análise econômica convencional antitruste.

A ideia de que as empresas e outras organizações têm dificuldade em alinhar os interesses de seus funcionários com os da organização é certamente familiar. Ela é o tema de uma extensa literatura sobre "custos de ser representado" – os *agency costs*. A novidade está em relacionar aqueles custos à incerteza. É novidade porque, como disse, os economistas não "gostam" de incerteza.

Assim, a teoria econômica, ou certo tipo de teoria, tem levado a alguns golpes como resultado da crise econômica, porque esta tem reavivado a consciência da importância da incerteza na vida econômica, bem como minado a teoria dos "mercados eficientes" e o tipo da macroeconomia (que passa por nomes como "Teoria do Ciclo do Econômico Real"), que declarou que o problema das depressões econômicas tinham sido resolvidos para sempre.[19] Nós descobrimos que a teoria econômica é mais frágil e fornece uma base menos segura para a compreensão do comportamento humano e para melhorar as políticas econômicas do que tínhamos imaginado. E este deve ser um lembrete para a importância do trabalho empírico em economia. A maioria dos textos econômicos é teórica e a maior parte da política econômica é baseada em teoria ou em graves (mas esclarecedores) fenômenos, como o colapso do comunismo, ao invés de uma análise empírica cuidadosa. Felizmente, a análise empírica é uma área da economia que está em expansão, incluindo a análise econômica do direito. Quando uma área progride, a oportunidade para importantes descobertas teóricas diminui, por isso os retornos para a pesquisa teórica perdem o sentido. Ao mesmo tempo, avanços na digitalização resultaram na coleta de mais dados para a análise empírica dos temas de interesse para os economistas, incluindo a análise econômica do direito, e melhoraram muito as ferramentas da pesquisa empírica. A pesquisa empírica em economia ficou mais barata, rápida e melhor. Na medida em que os retornos à teoria vêm diminuindo, o custo da pesquisa empírica também diminui e, como resultado, o equilíbrio econômico entre teoria e pesquisa empírica está mudando em favor desta última – o que é positivo.

Vemos essa mudança na análise econômica do direito. A estrutura básica teórica da área foi criada nos anos 1960 e 1970 e, embora a estrutura tenha sido muito

---

19. Veja a discussão em *The Crisis of Capitalist Democracy*, nota 2 acima, p. 267–274.

refinada, não houve qualquer avanço realmente dramático, e isso está dentro do esperado para uma área aplicada. Mas os testes empíricos de hipóteses geradas pela teoria econômica do direito têm aumentado consideravelmente em ambição e sofisticação. Meu trabalho atual na economia do comportamento judicial é ilustrativo. Com o meu colaborador de longa data, William Landes, e com a brilhante cientista política, Lee Epstein, da Northwestern University School of Law, iniciamos uma série de estudos empíricos destinados a testar uma função de utilidade judicial realista.[20] Nós aplicamos técnicas econométricas para o maciço conjunto de dados relacionados ao comportamento judicial que tem proliferado nos últimos anos. Acreditamos que a análise econômica do direito entrou numa fase empírica de grandes promessas, e esperamos ajudar na concretização dessas promessas.

---

20. Veja, por exemplo, William M. Landes e Richard A. Posner, "Judicial Behavior: A Statistical Study", *Journal of Legal Analysis*, 1 (2), (2009), 775-831; Lee Epstein, William M. Landes, e Richard A. Posner, "Predicting the Winner: Does the Number of Questions at Oral Argument Matter?" (no prelo para publicação no periódico *Journal of Legal Studies*); Epstein, Landes, e Posner, "Why (and When) Judges Dissent: A Theoretical and Empirical Analysis" (prestes a ser publicado no *Journal of Legal Analysis*). Um esboço da função de utilidade judicial encontra-se no meu artigo "What Do Judges and Justices Maximize? (The Same Thing Everybody Else Does)", *Supreme Court Economic Review*, 3, (1993), p. 1-41; e também em meu livro *How Judges Think* (2008).

Comentários ao artigo

"INCERTEZA, CRISE ECONÔMICA E O FUTURO
DO DIREITO E ECONOMIA", de Richard Posner

Antônio Carlos Porto Gonçalves

Este brilhante artigo de Posner utiliza frequentemente a ideia da diferença entre o risco e a incerteza (proposta, por exemplo, por Frank Knight em seu livro *Risk and uncertainty*). O risco se relaciona a eventos como o resultado do lançamento aleatório de uma moeda "honesta", havendo 50% de probabilidade do resultado ser cara e 50% de ser coroa. Tais probabilidades são estabelecidas devido a experiências passadas com o lançamento de moedas, ou pelo simples exame da construção ou forma do dispositivo que gera a aleatoriedade. Tal tipo de aleatoriedade difere fundamentalmente de uma situação na qual estabelecer, objetivamente, quais são as probabilidades é muito mais difícil ou impossível. Por exemplo, qual é a probabilidade de que a espécie *homo sapiens* se extinga nos próximos cem anos? Há muito menos informação confiável para se estimar esta probabilidade objetivamente, como seria possível fazer no caso do lançamento da moeda; há, portanto, incerteza sobre a própria probabilidade (incerteza sobre a incerteza).

Segundo alguns filósofos da teoria da probabilidade (como De Finetti), o comportamento racional ante tal tipo de incerteza seria cada indivíduo "estimar" probabilidades subjetivas sobre o resultado da experiência aleatória, e se comportar como se fossem probabilidades objetivas. Posner defende que, na verdade, o comportamento racional seria nada fazer, pois agir tem custo e não há garantia de que a nova posição ou situação, após a ação, seja melhor que a situação inicial (ou seja, é o comportamento de paralisia pela incerteza). Alternativamente, em situações de maior interação social, Posner julga que o comportamento de imitar o que os outros fazem seria racional, com o objetivo de evitar os custos de recriminação pelo erro solitário (é o comportamento de manada). De fato, o mimetismo como força social determinante foi estudado pelo sociólogo francês René Girard e nada tem de irracional.

Enfim, o problema de modelar o comportamento humano frente à incerteza é uma questão em aberto na teoria econômica, e o paradigma de o indivíduo estimar probabilidades subjetivas considerando-as como objetivas é um artefato teórico simples e útil, em determinadas circunstâncias, mas simplório em outras. Os trabalhos empíricos futuros certamente contribuirão para o refinamento da teoria.

Introdução

ESPECULAÇÕES, APOSTAS IRRESPONSÁVEIS E A CRISE FINANCEIRA DE 2008[1]

Antonio José Maristrello Porto

Imaginemo-nos agora já distantes anos 1980. Naquela década marcada pela queda do muro de Berlim e pela invenção do primeiro computador pessoal, os investidores de Wall Street enfrentavam um problema: os títulos hipotecários[2] eram pagos de forma demasiadamente rápida, habitualmente quando as taxas de juros estavam em baixa, de modo que o retorno de capital não era, em regra, suficientemente significativo para justificar a empreitada financeira.

Não se preocupava, à época, com a possibilidade de os consumidores não pagarem suas dívidas, haja vista que os empréstimos recebiam garantias governamentais. Assim, caso o tomador do empréstimo falhasse em pagar o empréstimo, o Governo dos Estados Unidos sub-rogava-o no pagamento.

---

1. Esta introdução é baseada, em larga medida, no livro *The Big Short: Inside the Doomsday Machine*, de autoria de Michael Lewis. Lewis trabalhou no banco Salomon Brothers durante a década de 1980, mas abandonou aquela carreira e decidiu escrever um livro chamado *Liar's Poker* sobre sua experiência. *The Big Short*, mais que uma narrativa histórica, trata a crise do mercado *subprime* a partir da perspectiva de investidores que, contrariamente à maioria de seus colegas de profissão, detectaram as falhas naquele negócio e apostaram abertamente contra o mesmo. Aproveitamos, assim, a capacidade de Lewis de narrar o desenvolvimento da crise, tentando, contudo, dar mais objetividade à narrativa. O autor agradece ao valoroso trabalho de pesquisa de Felipe Godoy Franco, aluno do curso de Bacharelado em Direito da Fundação Getulio Vargas – Direito Rio.

2. Títulos hipotecários, ou *mortgage bonds*, são títulos financeiros gerados por empréstimos garantidos por hipotecas. Sua rentabilidade advém dos pagamentos realizados pelos devedores, ou, mais especificamente, pelos juros pagos por esses.

A solução encontrada pelos investidores para solucionar seu problema de retorno de investimentos foi diminuir a segurança do negócio. Em outras palavras, decidiram estender seus empréstimos a proprietários de imóveis com menos credibilidade, para que pudessem pagar eventuais dívidas que tivessem anteriormente. Tais empréstimos, todavia, não se qualificavam para serem assegurados pelo Governo, de modo que os financiadores não tinham qualquer tipo de garantia estatal de que tais empréstimos seriam pagos.[3]

É nesse cenário que entramos na década de 1990. Nessa época, o cenário dos financiadores era dominado por pequenas empresas, enquanto os grandes bancos de Wall Street mantinham posição no sentido de não adentrar nesse novo mercado que crescia. Ao longo da década, com a abertura do capital dessas pequenas empresas, surgiam cada vez mais companhias interessadas no mercado de empréstimos *subprime*. Tal conjuntura era consequência direta das possibilidades que esse tipo de negócio permitia, em que investidores podiam, em curto período de tempo, obter pequenas fortunas.[4]

A promessa de dinheiro fácil combinada com baixos padrões de empréstimos indicava que o mercado de títulos hipotecários não poderia sustentar-se naquelas condições por muito tempo. Tal desconfiança pode ser confirmada quando a agência de avaliações Moody's disponibilizou uma base de dados na qual era possível visualizar a percentagem de empréstimos que tinham taxas variáveis e quantos dos imóveis hipotecados estavam efetivamente ocupados.

A análise minuciosa dessa base de dados permitia uma conclusão devastadora: os lucros dessas empresas eram, basicamente, única e exclusivamente contábeis. Enquanto possuíam o capital necessário para realizar novos empréstimos, os lucros mantinham-se artificialmente altos, pois as regras de contabilidade permitiam que as empresas o formassem com base no valor futuro esperado de tais empréstimos.

A realidade, contudo, não poderia ser mais divergente. Apesar de tais companhias suporem que os empréstimos seriam pagos, e não de forma prematura, os dados demonstravam que ou os empréstimos estavam sendo pagos demasiadamente cedo para justificarem o risco corrido pelos financiadores, ou, nos piores cenários, nem mesmo estavam sendo pagos, com taxas de inadimplemento elevadíssimas. Em resumo, eventualmente esse ciclo vicioso seria quebrado, pois faltaria dinheiro para mantê-lo.

Foi precisamente o que ocorreu em 1998. Com a perda de vastos montantes em empréstimos e a quebra de algumas companhias, os investidores começaram a negar o fornecimento de mais capital para os financiadores. A desconfiança fundada neste

---

3. Lewis, Michael. *The Big Short:* Inside the Doomsday Machine, p. 17-18.
4. *Idem*, p. 14.

mercado fez com que ocorresse a falência em massa da maioria das empresas, quando da percepção de que aquele sistema contábil era muito facilmente manipulável.[5]

Contudo, apenas quatro anos depois, agora em 2002, começava a ressurgir o mercado de empréstimos *subprime*. E o retorno foi ainda mais avassalador que a primeira leva de empréstimos. Em realidade, através de operações complexas, campanhas de marketing de ética duvidável e promessas aos consumidores de empréstimos fáceis e baratos, a atividade crescia como se nunca houvesse entrado em crise, muito menos como se não houvesse virtualmente quebrado na década anterior.[6]

Só que os anos anteriores tinham deixado uma lição. Idealmente, os financiadores teriam compreendido que não poderiam, ou ao menos não deveriam fazer empréstimos a pessoas sem condições de pagá-los de volta. Essa opção, contudo, não apresentava os mesmos retornos que uma segunda, muito mais elaborada.

O plano era o seguinte: um financiador faria uma série de empréstimos a pessoas que, em condições normais, não poderiam tomá-los por suas condições financeiras. O risco do não pagamento, contudo, não ficaria com os financiadores. Isso porque eles repassariam esses empréstimos aos departamentos de renda fixa dos grandes bancos de Wall Street. Esses, por sua vez, formariam títulos com tais empréstimos, os quais, por sua vez, seriam colocados à disposição de investidores. Assim, o risco seria diluído, sem ficar totalmente concentrado nas mãos de poucas companhias.[7]

Foi tão rápida a expansão desse ramo que, em 2005, mais de meio trilhão de dólares eram negociados na forma de títulos garantidos, tão somente, por hipotecas *subprime*. Era um valor aproximadamente 20 vezes maior que aquele negociado em um bom ano na década de 1990. Paradoxalmente, as condições destes empréstimos haviam piorado com o tempo: de um lado, as taxas de juros subiam; de outro, essas foram progressivamente transformando-se de taxas fixas para variáveis. De fato, àquela época, 75% dos empréstimos *subprime* tinham taxas fixas apenas nos primeiros dois anos, após os quais as mesmas tornavam-se variáveis. Em resumo,

---

5. *Idem*, p. 21-23.
6. *Idem*, p. 24.
7. Nas palavras de Lewis: "The original cast of subprime financiers had been sunk by the small fraction of the loans they made that they had kept on their books. The market might have learned a simple lesson: Don't make loans to people who can't repay them. Instead it learned a complicated one: You can keep on making these loans, just don't keep them on your books. Make the loans, then sell them off to the fixed income departments of big Wall Street investment banks, which will in turn package them into bonds and sell them to investors. Long Beach Savings was the first existing bank to adopt what was called the 'originate and sell' model. This proved such a hit – Wall Street would buy your loans, even if you would not! – that a new company, called B&C mortgage, was founded to do nothing but originate and sell. Lehman Brothers thought that was such a great idea that they bought B&C mortgage. By early 2005 all the big Wall Street investment banks were deep into the subprime game. Bear Stearns, Merrill Lynch, Goldman Sachs, and Morgan Stanley all had what they termed 'shelves' for their subprime wares, with strange names like HEAT and SAIL and GSAMP, that made it a bit more difficult for the general audience to see that these subprime bonds were being underwritten by Wall Street's biggest names", p. 29.

os tomadores não poderiam saber exatamente quanto precisariam pagar a título de juros no mês seguinte.[8]

O sistema, ademais, permitia que os tomadores fizessem novos e novos empréstimos. À medida que suas casas valorizavam, os financiadores lhes ofereciam refinanciamentos e a possibilidade de tomar mais dinheiro emprestado. Caso esse dinheiro fosse investido na compra de um novo imóvel, este poderia servir de garantia para um novo empréstimo, e assim em diante. Como a operação oferecia pequenos riscos aos financiadores diretos, já que os repassavam, esses não tinham nenhum incentivo para procurar bons pagadores.[9]

Em realidade, todo o sistema de valoração dessas milhares de hipotecas centrava-se, tão somente, nas agências avaliadoras, que tinham modelos próprios para determinar o preço dos títulos lastreados nas hipotecas. Ocorre que tais modelos eram, no mínimo, frágeis. Em vez de analisarem individualmente os empréstimos, ou ao menos exigir que os financiadores os fizessem, essas agências utilizavam um método que avaliava os tomadores como um grande conjunto.

Em resumo, um título seria tão seguro (e caro) quanto os tomadores dos empréstimos que os lastreavam fossem, em média, confiáveis. Ocorre que as agências, para mensurar tal confiabilidade, não se importavam, por exemplo, se os tomadores de empréstimos já haviam feito operações naqueles consideráveis montantes, ou mesmo se habitualmente faziam hipotecas. Assim, pessoas com os chamados *thin files*, ou seja, que raramente tomavam empréstimos, ou que o faziam em pequenos valores, mas, quando os realizavam, pagavam bem, levavam a média daquele grupo aos céus, sem que isso significasse, necessariamente, que tinham condições de pagar um empréstimo de alto valor com taxas de juros variáveis.[10]

---

8. *Idem*, p. 28-29.
9. Lewis conta a história de uma empregada doméstica que, utilizando-se desse ciclo de empréstimos, conseguiu comprar seis imóveis no Queens. Quando o mercado finalmente falhou, a família não foi capaz de honrar seus débitos e, consequentemente, perdeu todos os imóveis hipotecados.
10. "Moody's and S&P didn't actually evaluate the individual home loans, or so much as look at them. All they and their models saw, and evaluated, were the general characteristics of loan pools. Their handling of FICO scores was one example. [...] The problem with FICO scores was overshadowed by the way they were misused by the rating agencies. Moody's and S&P asked the loan packagers not for a list of the FICO scores of all the borrowers but for the average FICO score of the pool. To meet the rating agencies' standards – to maximize the percentage of triple-A-rated bonds created from any given pool of loans -the average FICO score of the borrowers in the pool needed to be around 615. There was more than one way to arrive at that average number. And therein lay a huge opportunity. A pool of loans composed of borrowers all of whom had a FICO score of 615 was far less likely to suffer huge losses than a pool of loans composed of borrowers half of whom had FICO scores of 550 and half of whom had FICO scores of 680. A person with a FICO score of 550 was virtually certain to default and should never have been lent money in the first place. But the hole in the rating agencies' models enabled the loan to be made, as long as a borrower with a FICO score of 680 could be found to offset the deadbeat, and keep the average at 615. Where to find the borrowers with high FICO scores? Here the Wall Street bond trading desks exploited another blind spot in the rating agencies' models. Apparently the agencies didn't grasp the difference between a

Em realidade, desde 2004, as empresas baixavam os padrões exigidos para que emprestassem dinheiro, buscando alcançar novos consumidores. Algumas vezes, poucos ou mesmo nenhum documento era exigido, o que, sem dúvida, dava azo a um sem-número de fraudes e inadimplementos. Em realidade, em alguns casos, nem mesmo se verificava se a pessoa que fazia a hipoteca de fato possuía um imóvel para dar em garantia.[11]

Os riscos nessas operações, como se pode constatar, eram monstruosos e, em 2005, essa era a regra nesse mercado gigantesco. Mas o que permitia aos financiadores continuar emprestando seu dinheiro de maneira tão temerária? A resposta é mais simples do que se pode imaginar: não era seu dinheiro! Em última análise, os grandes bancos de Wall Street, que detinham os títulos lastreados nessas hipotecas, também repassavam os riscos de não pagamento em troca de pagamentos mensais.

Ora, garantia contra riscos em troca de pagamentos mensais é uma operação extremamente comum em um ramo de negócio. Assim, as seguradoras, (supostamente) verdadeiras *experts* em mensuração de riscos, garantiam esses títulos contra a chance de os tomadores não pagarem de volta seus empréstimos. Elas acreditavam que, haja vista que os títulos eram formados por hipotecas espalhadas por todos os Estados Unidos, o risco de todos os consumidores falharem em quitar suas dívidas, derrubando o valor do título, era extremamente improvável.

Para todos os efeitos, portanto, todos os riscos de uma falha no mercado de títulos hipotecários estavam concentrados nessas seguradoras e, mais especificamente, na AIG. Essa, por sua vez, aceitou garantir 20 bilhões de dólares em troca do pagamento de alguns milhões anuais. Para justificar essa operação multimilionária, a seguradora baseava-se tão somente na assunção de que os empréstimos não poderiam falhar todos simultaneamente e nas análises daquelas mesmas agências avaliadoras que ditavam os preços dos títulos fabricados em Wall Street. Afinal, uma hipoteca de um imóvel na costa leste haveria de estar intimamente ligada a uma de um imóvel na costa oeste, a centenas de quilômetros de distância?[12]

Note-se, contudo, que os Estados Unidos já haviam experimentado, na década de 1930, uma deflação em escala nacional nos preços dos imóveis, com quedas de aproximadamente 80% de seu valor.[13] Claro, havia sido algo excepcional, mas uma queda de menos de 10% nos preços dos imóveis já seria mais que o suficiente para abalar os títulos hipotecários, haja vista que os empréstimos menos seguros

---

'thin-file' FICO score and a 'thick-file' FICO score. A thin-file FICO score implied, as it sounds, a short credit history. The file was thin because the borrower hadn't done much borrowing. Immigrants who had never failed to repay a debt, because they had never been given a loan, often had surprisingly high thin-file FICO scores", p. 80-82.
11. *Idem*, p. 32.
12. *Idem*, p. 61-64.
13. *Idem*, p. 51.

dependiam que seus tomadores conseguissem opções de refinanciamento.

O sistema, ademais, era extremamente favorável aos consumidores, ao menos superficialmente. Isso porque conseguiam crédito fácil e sob juros baixos, ao menos nos dois primeiros anos, enquanto operavam sob taxas fixas. Assim, conseguiam pagar dívidas com taxas superiores utilizando-se desse dinheiro emprestado. Claro, quando os juros tornavam-se variáveis, só aí os tomadores percebiam de fato que, em realidade, aquela hipoteca que acabaram de fazer era quase impossível de ser paga, superando, sensivelmente, as taxas de juros que pagavam anteriormente.[14]

Essa máquina, contudo, ainda estava limitada por um obstáculo central: nem sempre as agências avaliavam bem as hipotecas realizadas pelos financiadores, o que derrubava os valores dos títulos. A forma encontrada pelos bancos de Wall Street para solucionar esse problema foi criar as chamadas *collaterized debt obligation* (CDO, ou, em outras palavras, uma obrigação que tem como garantia uma dívida).

Como essas CDOs eram formadas por uma multitude de hipotecas, essa diversidade supostamente garantiria uma maior segurança ao título. Dessa forma, o título em si era avaliado pelas agências como algo sensivelmente melhor e, portanto, mais caro, que a média das hipotecas que o formavam. Foi assim que, da noite para o dia, uma série de títulos hipotecários de súbito transformaram-se de um investimento de risco de baixos preços em títulos caros e robustos, em tese mais seguros, mas, na prática, tão vulneráveis quanto aqueles empréstimos que originalmente os lastreavam.[15]

Esses CDOs, portanto, nada mais eram que um conjunto de centenas de títulos hipotecários, os quais, por sua vez, eram também conjuntos de centenas de empréstimos realizados para consumidores e tomadores. Desnecessário dizer que, uma vez formado esse colosso, era impossível para os investidores, ou qualquer outro, aí incluídas as agências avaliadoras, rastrear os empréstimos individuais que de fato garantiam aquele título.[16]

Apesar de engenhosos, esses títulos ainda tinham um problema essencial: como eram formados por milhares de empréstimos, sua formação ainda dependia da

---

14. *Idem*, p. 58.
15. "Enter the CDO. They may not have known what a CDO was, but their minds were prepared for it, because a small change in the state of the world created a huge change in the value of a CDO. A CDO, in their view, was essentially just a pile of triple-B-rated mortgage bonds. Wall Street firms had conspired with the rating agencies to represent the pile as a diversified collection of assets, but anyone with eyes could see that if one triple-B subprime mortgage went bad, most would go bad, as they were all vulnerable to the same economic forces. Subprime mortgage loans in Florida would default for the same reasons, and at the same time, as subprime mortgage loans in California. And yet fully 80 percent of the CDO composed of nothing but triple-B bonds was rated higher than triple-B: triple-A, double-A, or A. To wipe out any triple-B bond – the ground floor of the building – all that was needed was a 7 percent loss in the underlying pool of home loans. That same 7 percent loss would thus wipe out, entirely, any CDO made up of triple-B bonds, no matter what rating was assigned it", p. 102-103.
16. *Idem*, p. 104.

capacidade dos financiadores de conseguirem encontrar consumidores para quem emprestar dinheiro. Esse problema foi solucionado a partir do momento em que alguns investidores menos sujeitos àquela mania perceberam que poderiam ganhar dinheiro apostando no fracasso daquele mercado.

Começaram, assim, a surgir os chamados CDOs sintéticos, formados simplesmente por apostas de que os tomadores iriam falhar em pagar seus empréstimos. Dessa forma, esse título sintético não se lastrava em nenhum conjunto de empréstimos específicos, mas, pura e simplesmente, em uma aposta em que determinados empréstimos iriam mal. Os que investiam nesses títulos, por sua vez, apostavam em que os empréstimos seriam pagos. Dessa forma, para formar um CDO, não era mais necessário que fossem feitos centenas de novos empréstimos, mas tão somente buscar empréstimos já feitos contra os quais alguém poderia estar interessado em apostar.

Esses títulos sintéticos eram avaliados pelas agências, exatamente da mesma forma que elas avaliavam os CDOs originais, ou seja, através de uma análise enviesada e mal-informada de uma avaliação anterior igualmente enviesada e mal-informada dos títulos hipotecários formados por empréstimos feitos a consumidores que apresentavam poucos ou nenhum documento para conseguirem aqueles valores elevadíssimos.[17]

Como essas operações de bilhões e bilhões não se encaixavam em nenhuma categoria existente anteriormente, não havia nenhum órgão governamental regulando-as, ou mesmo analisando-as. Foi assim que valores superiores ao PIB de muitos países estavam sendo negociados em Wall Street sem que nenhum dos envolvidos soubesse, ao certo, os riscos envolvidos naquele negócio, ou mesmo nas premissas em que se fundavam os preços daqueles títulos.[18]

---

17. "In the process, Goldman Sachs created a security so opaque and complex that it would remain forever misunderstood by investors and rating agencies: the synthetic subprime mortgage bond-backed CDO, or collateralized debt obligation. Like the credit default swap, the CDO had been invented to redistribute the risk of corporate and government bond defaults and was now being rejiggered to disguise the risk of subprime mortgage loans. Its logic was exactly that of the original mortgage bonds. In a mortgage bond, you gathered thousands of loans and, assuming that it was extremely unlikely that they would all go bad together, created a tower of bonds, in which both risk and return diminished as you rose. In a CDO you gathered one hundred different mortgage bonds – usually, the riskiest, lower floors of the original tower – and used them to erect an entirely new tower of bonds. [...] there were huge sums of money to be made, if you could somehow get them re-rated as triple-A, thereby lowering their perceived risk, however dishonestly and artificially. This is what Goldman Sachs had cleverly done. Their – soon to be everyone's – nifty solution to the problem of selling the lower floors appears, in retrospect, almost magical. Having gathered 100 ground floors from 100 different subprime mortgage buildings (100 different triple-B-rated bonds), they persuaded the rating agencies that these weren't, as they might appear, all exactly the same things. They were another diversified portfolio of assets! This was absurd. The 100 buildings occupied the same floodplain; in the event of flood, the ground floors of all of them were equally exposed. But never mind: The rating agencies, who were paid fat fees by Goldman Sachs and other Wall Street firms for each deal they rated, pronounced 80 percent of the new tower of debt triple-A", p. 63-66.
18. "The bond market eluded serious regulation. Bond salesmen could say and do anything without fear that they'd be reported to some authority. Bond traders could exploit inside information without worrying that they would be caught. Bond technicians could dream up ever more complicated securities without worrying too much about government regulation – one reason why so many derivatives had been derived,

Um fato, contudo, era conhecido. Como os primeiros empréstimos garantidos por hipotecas tinham sido feitos em massa apenas em 2005, e tinham taxas de juros fixas pelos dois primeiros anos, o mar de inadimplências apenas começaria a se formar em 2007, quando as taxas se tornariam variáveis e os tomadores percebessem que não tinham condições de solver seus gigantescos débitos. Estava formada, assim, uma bomba-relógio sem que quase ninguém pudesse percebê-la.[19]

No início de 2006, contudo, a AIG percebeu que aqueles bilhões que ela havia segurado estavam fulcrados em uma premissa quase tão simples quanto improvável: de que os imóveis nos Estados Unidos continuariam valorizando, permitindo aos tomadores opções de refinanciamento baratas, de modo que poderiam continuar renovando seus empréstimos a taxas fixas e baixas.[20] A partir desse momento, a empresa decidiu que não iria segurar nenhum título novo oriundo do mercado *subprime*.[21]

Também na metade daquele mesmo ano, identificou-se que a maior parte das pessoas tomando aqueles empréstimos eram especuladores, procurando comprar novos imóveis enquanto os mesmos estavam valorizando. O número de casas à venda estava disparando e o preço dos imóveis começou a cair em ritmo vertiginoso.[22] Finalmente, em novembro, constatou-se que os tomadores de empréstimos estavam começando a falhar em quitar suas dívidas.

Paradoxalmente, apesar desses dois fatores que deixavam clara a queda dos preços dos CDOs e seus componentes, o mercado *subprime* continuava em seu auge, impermeável ao sem-número de mudanças pelas quais o mundo estava passando e que, em tese, deveriam lhe afetar diretamente, mais cedo ou mais tarde. A distância entre os CDOs e as hipotecas que, em última análise, os lastreavam, era tão grande que a tsunami só apareceu nas costas de Wall Street bem depois de os tremores terem abalado todo o oceano.[23]

---

one way or another, from bonds. The bigger, more liquid end of the bond market – the market for U.S. Treasury bonds, for example – traded on screens, but in many cases the only way to determine if the price some bond trader had given you was even close to fair was to call around and hope to find some other bond trader making a market in that particular obscure security. The opacity and complexity of the bond market was, for big Wall Street firms, a huge advantage. The bond market customer lived in perpetual fear of what he didn't know. If Wall Street bond departments were increasingly the source of Wall Street profits, it was in part because of this: In the bond market it was still possible to make huge sums of money from the fear, and the ignorance, of customers", p. 55-56.

19. *Idem*, p. 34.
20. "Since 2000, people whose homes had risen in value between 1 and 5 percent were nearly four times more likely to default on their home loans than people whose homes had risen in value more than 10 percent. Millions of Americans had no ability to repay their mortgages unless their houses rose dramatically in value, which enabled them to borrow even more. That was the pitch in a nutshell: Home prices didn't even need to fall. They merely needed to stop rising at the unprecedented rates they had the previous few years for vast numbers of Americans to default on their home loans", p. 56-57.
21. *Idem*, p. 75.
22. *Idem*, p. 87.
23. *Idem*, p. 78-80 e 100-101.

Demorou até setembro de 2008 para que as grandes firmas financeiras de Wall Street (e do resto do mundo) entrassem em queda livre. Os analistas externos já pregavam veementemente que os ativos daqueles gigantescos bancos eram todos podres, eis que lastreados, em última análise, por dívidas que, em muitos casos, já estavam mais do que vencidas, sem que os devedores possuíssem a mínima condição de quitá-las.[24]

O cenário de insegurança fez com que algo inédito acontecesse no mercado *subprime*: os grandes investidores estavam perdendo dinheiro a longos passos, sem que soubessem como reverter aquele cenário que, naquele momento, já era irreversível. A remota possibilidade de perdas de trilhões de dólares, possibilidade essa que, no passado, servira como mais uma fonte de lucro para os grandes bancos, na forma dos CDOs sintéticos, agora se mostrava próxima e eminente, praticamente inadiável.

Se, no final de 2007, o maior prenúncio da crise fora o corte nos dividendos pagos pelo Citigroup a seus acionistas,[25] agora seus efeitos já eram muito mais claros. O Bear Stearns falira no início do ano.[26] As agências avaliadoras foram nacionalizadas. Poucos meses depois, o Lehman Brothers iniciou seu processo de falência. O banco fora um dos maiores jogadores no mercado *subprime* e tinha, como muitos outros, cometido o grave erro de manter parte de seus CDOs e, consequentemente, os riscos que os acompanhavam.

Outros, como Morgan Stanley e Goldman Sachs, também tomavam, diariamente, duros golpes enquanto suas ações desvalorizavam vertiginosamente, e não conseguiriam escapar do mesmo destino de seu concorrente sem auxílio governamental. Súbito, todos os olhos voltaram-se ao Estado, que se tornou, para todos os efeitos, emprestador de última instância, a única entidade capaz de garantir as dívidas daquelas entidades e evitar sua quebra.

E aí caiu o castelo de cartas. O mercado *subprime* fora esquematizado como um grande prédio. Primeiro as hipotecas, depois os títulos hipotecários, os CDOs, originais e sintéticos e, finalmente, as seguradoras. Assim, como uma grande trilha de dominós, um foi desabando após o outro a partir do momento que a fundação do prédio ruiu. O processo, decerto, foi longo, tão longo, que as pessoas em uma ponta da construção mal sentiram quando a ponta oposta foi derrubada. Mas, no fim das contas, tudo foi ao chão, pois estavam intimamente ligados.

Por fim, o Estado precisou intervir, ou ao menos sentiu que precisava. Todos os grandes bancos de investimentos de Wall Street estavam ou falidos, ou à beira da falência. O mesmo se diga das seguradoras que haviam adentrado aquele ramo, em especial a AIG. Com isso, para evitar o colapso de toda a economia, o governo dos Estados Unidos distribuiu mais de um trilhão de dólares a essas instituições.

---

24. *Idem*, p. 9-10.
25. *Idem*, p. 9.
26. *Idem*, p. 10.

Porquanto benéfica, em certa medida, para as pessoas que tinham dinheiro investido nesses bancos, a atitude governamental provocou um efeito nocivo. Em lugar de serem punidos, os administradores dessas grandes empresas, que em alguns casos nem mesmo foram demitidos de seus cargos, saíram da crise recebendo montantes altíssimos em bônus e remunerações. Ao invés de serem punidos, seja civil, seja criminalmente, esses administradores foram agraciados com alguns milhões precisamente por terem participado do grande esquema que quase levou ao colapso de toda a economia mundial.

A crise do mercado *subprime* não foi uma fatalidade. Nem mesmo foi imprevisível. Foi, em realidade, uma conjunção de fatores que, sob olhares frios e desligados daquele frenesi, eram muito facilmente perceptíveis. Ocorre que a complexidade das operações que passaram a dominar aquele cenário e as expectativas de retorno multimilionário, combinadas com a promessa de que finalmente os consumidores de baixa renda poderiam obter crédito fácil e quitar algumas de suas outras dívidas, cegaram os profissionais daquele ramo, ou ao menos fizeram com que esses não quisessem ver o que ficava, a cada ano, mais óbvio.

Não se pode, contudo, culpar única e exclusivamente os administradores dessas grandes empresas financeiras por uma crise que, em maior ou menor escala, afetou todo o mundo. O fato de o mercado de títulos ser obscuro, pouco transparente e, praticamente, irregulado permitiu a seus operadores que realizassem transações envolvendo largas somas de dinheiro sem que precisassem responder a qualquer tipo de norma reguladora, muito menos que sofressem qualquer tipo de fiscalização da lisura de tais negociações pelo governo.

Ainda que houvesse interesse governamental, contudo, a realidade é que os funcionários das agências reguladoras não eram suficientemente remunerados pela sua *expertise*, de modo que, muito frequentemente, abandonavam as carreiras públicas para procurar remunerações mais polpudas no mercado. Assim, o que restava nas agências eram pessoas muitas vezes sem a necessária qualificação para distinguir quais operações eram de fato viáveis e quais eram simplesmente frutos de especulações e apostas irresponsáveis.

É a partir dessas constatações que este livro se desenvolve. Pretende-se demonstrar que, ao contrário do que ocorreu em 2008 com relação às décadas de 1980 e 1990, dessa vez o mundo aprendeu a lição. Assim, lidaremos com questões que acreditamos essenciais para evitar que novas crises como esta se repitam, tais como regulação, intervenção estatal e punição de administradores. Com isso, espera-se que operações arriscadas, porquanto não extintas, sejam rigidamente fiscalizadas, punindo-se os responsáveis pelas mesmas quando não agirem com a necessária e imperativa cautela e lisura, a fim de não arriscar, novamente, a própria integridade do sistema financeiro e da própria economia.

Comentário à Introdução

ANTÔNIO CARLOS PORTO GONÇALVES

O setor financeiro em qualquer economia moderna difere de outros setores industriais, agrícolas ou de serviços devido ao fato de que o passivo dos bancos (os depósitos que captam) é a moeda escritural usada modernamente, é o dinheiro trocado pela população nas suas transações econômicas. Uma pessoa trabalha o mês todo e é remunerada com um aumento de seu saldo bancário no fim do mês, providenciado pelo empregador que lhe transfere a quantia de sua conta bancária. Numa economia moderna a grande maioria dos pagamentos entre as pessoas físicas e jurídicas se dá através de transferências de valores entre contas bancárias, usando instrumentos financeiros como cheques, TEDs, ordens de pagamento, cartões de débito, crédito etc.

Se houver a insolvência de um pequeno banco com, digamos, dez mil correntistas, dez mil pessoas perdem suas poupanças, mas no caso de um banco de grande porte as perdas de centenas de milhares de correntistas certamente causam, na economia como um todo, enormes incertezas, pânico, movimentos de manada e paralisia de decisões. Na verdade, uma empresa industrial de grande porte em dificuldades pode também levar dezenas de milhares de pessoas ao desemprego, o efeito social final sendo semelhante (no caso dos bancos grandes, as consequências costumam ser piores, pois além do desemprego, há a perda dos depósitos). De modo similar, quando um governo se comporta de modo financeiramente irresponsável, gastando muito mais do que arrecada, se endividando além de suas possibilidades, sua eventual insolvência pode levar a desequilíbrios econômicos sérios e duradouros: considere o caso da Grécia nos dias de hoje e o potencial destrutivo futuro da imensa dívida dos EUA.

Enfim, uma sociedade pode optar por se organizar através de corporações industriais, financeiras e governamentais de grande porte. Possivelmente estaria explorando economias de escala ou de escopo. Mas se houver uma correlação positiva entre os eventuais fracassos destas corporações, os ganhos com as economias de escala e de escopo serão acompanhados de grandes aumentos na volatilidade (variância) da produção e do emprego na economia. *Small is beautiful*? Nem sempre, mas *too big to fail* também não é bom (a este respeito veja o livro de Schiller, *Macro Markets – Creating Institutions for Managing Sonety Largest Economic Risks*).

Na verdade, as grandes organizações empresariais e governamentais são responsáveis, em última instância, pela estabilidade da economia como um todo. No caso do Brasil, as leis orçamentárias e de responsabilidade fiscal, em vigor desde o final do século passado, são importantes para coibir o comportamento orçamentário irresponsável por parte do governo. De modo simétrico, especificamente para as grandes corporações privadas, deveria existir uma lei de responsabilidade econômica ou financeira, de modo a coibir o comportamento irresponsável com o dinheiro dos outros, de consequências sociais catastróficas, como muito bem sintetiza o artigo de Antônio José Maristrello Porto. As políticas adotadas na recente crise de 2008, em alguns países, pela qual os irresponsáveis foram salvos e até premiados, é um convite a mais crises.

PARTE I

REGULAÇÃO DO SISTEMA FINANCEIRO NO CONTEXTO INTERNACIONAL

1

Regulação e supervisão prudencial

CHERUBIN HELCIAS SCHWARTZ JUNIOR

1. Introdução; 2. Fundamentos da regulação; Estado atual da regulação; 4. Perspectiva; 5. Considerações finais; 6. Referências

1. Introdução

Tornou-se prática frequente, na atualidade, que o Estado institua um regime de liberdade em prol da iniciativa privada em inúmeros campos da atividade, reservando para si a função de regulação e fiscalização da mesma. Observa-se essa tendência nos mais variados setores da atividade humana, como, por exemplo, no âmbito dos serviços de saúde e educação.

Bem como se dá em outros setores, também na economia tornou-se comum a intervenção estatal destinada a disciplinar e fiscalizar a atuação dos vários agentes que operam nesse segmento. Especificamente no contexto da atividade econômica, o sistema bancário sofre forte regulação estatal,[1] tanto no Brasil como também no exterior.

Essa prática justifica-se por força das sérias e profundas consequências sociais que uma crise do sistema bancário pode acarretar.[2] A regulação objetiva fundamentalmente, por conseguinte, criar mecanismos destinados a evitar a instauração e disseminação de crises capazes de comprometer o fundamento e a eficiência do sistema financeiro, como igualmente as bases e princípios que regem o mercado bancário.

---

1. Datz, Marcelo Davi Xavier da Silveira, Risco Sistêmico e Regulação Bancária no Brasil.– Dissertação de mestrado – Escola de Pós-Graduação em Economia – Fundação Getulio Vargas – 2002, p. 21.
2. *Op. loc. cit.*

Como tem demonstrado a literatura especializada e a própria experiência passada, são vários os riscos aos quais se submetem ambos os sistemas, como igualmente variado é o elenco de mecanismos utilizados na preservação e defesa dos mesmos. Cabe à autoridade estatal perceber a existência dos riscos e proceder à adoção das salvaguardas necessárias a enfrentá-los.

Há uma percepção de que frequentemente existe um "risco sistêmico" a espreitar o sistema financeiro e, mais especialmente, o sistema bancário, fazendo surgir a necessidade mais acentuada de proceder-se à adoção de mecanismos de proteção (representados pelo binômio regulação e supervisão prudencial).

A situação decorrente de um "risco sistêmico" não se confunde com as habituais dificuldades enfrentadas por algumas instituições no mercado, as quais podem ser percebidas como sendo parte da fisiologia do sistema. O "risco sistêmico", ao contrário, tipifica situação patológica em razão da possibilidade de ocorrência de um "efeito contágio".

Definindo o significado do termo, leciona Marcelo Davi Xavier da Silveira Datz constituir-se no "risco que um choque a uma parte limitada do sistema se propague como uma avalanche por todo mercado financeiro, podendo atingir tanto instituições insolventes quanto as que eram saudáveis antes de sofrerem o impacto do choque inicial".[3]

Evidencia-se, portanto, que ao pensar-se a regulação como um mecanismo de defesa e proteção do sistema, tem-se em vista a possibilidade de ocorrência de uma situação anormal, muito além das dificuldades comuns de todo o sistema financeiro, razão pela qual impõe-se a adoção de instrumentos sérios, verdadeiramente eficientes de proteção, capazes, entre outros, de evitar um "efeito dominó", o qual comumente se produz quando da instalação de uma situação de crise.

Regulação e supervisão prudencial são, pois, imposições do bom-senso e da segurança. Sua ausência significa colocar em perigo constante e iminente todo o sistema financeiro e, via de consequência, toda a economia. Visam, portanto, à segurança e à estabilidade das instituições, se não evitando sua quebra, ao menos tentando garantir que o fracasso de uma não acarrete, de plano, a falência das demais. Dessa forma, esse trabalho procura evidenciar essa constatação.

2. Fundamentos da regulação

A existência de um mecanismo de tutela e proteção do mercado financeiro é providência que se impõe naturalmente, por força da variedade de riscos a que se submete o mesmo. Parece evidente que o exercício de toda atividade econômica traz

---

3. Datz, Marcelo Davi Xavier da Silveira, Risco Sistêmico e Regulação Bancária no Brasil. Dissertação de Mestrado – Escola de Pós-graduação em Economia da Fundação Getulio Vargas. Disponível em: <http://www.narce.nuca.ie.utry.br/teses/fgv>. Acessado em: 07/07/2010.

em si a ideia de risco, na medida em que se constata a existência de uma proporcionalidade entre o risco e o lucro.

Assim, a natural ideia do risco, sempre presente na atividade econômica, justifica a precaução de uma supervisão prudencial e de providências destinadas a uma efetiva preservação da estrutura bancária. No que diz respeito à atividade bancária, especificamente, impõe-se, ainda, a adição de maiores cuidados por força de singularidades do sistema.

Ensina a respeito, Sidnei Turczyn:

> ...na atividade bancária, no entanto, o risco assume uma relevância especial em razão da multiplicidade de formas pelas quais se faz presente e por suas consequências, tanto em relação a cada banco isoladamente considerado, quanto em relação ao sistema financeiro como um todo.[4]

E arremata, citando Almir Rogério Gonçalves:

> ...no setor bancário e no mercado financeiro, todo esforço de gerenciamento de riscos está intimamente ligado à garantia de continuidade das instituições financeiras, bem como à saúde de todo o sistema financeiro.[5]

Evidente, então, que a existência de uma regulação e supervisão prudencial do sistema financeiro e bancário é providência imperativa, sem a qual a própria sobrevivência dessas atividades pode restar comprometida.

É essa situação, permanente e perene, da existência de risco real e efetivo que justifica a intervenção estatal em campo de atividade eminentemente privada, com o intuito de garantir a segura subsistência do sistema financeiro e bancário.

A regulação se presta, portanto, precisamente para reduzir o risco sistêmico, buscando evitar que ocorra um indesejável efeito de contágio. Sem a regulação, o mercado, o sistema financeiro e as instituições bancárias estariam lançadas à própria sorte e prudência de seus gestores particulares, cujos interesses nem sempre estão em harmonia com as necessidades da sociedade, podendo, em longo prazo, levar a uma falência desse próprio sistema.

É possível que existam eventuais conflitos entre os interesses das entidades que operam no sistema financeiro e o Estado, enquanto gestor deste. No entanto, parece ser plenamente justificável a admissão da intervenção estatal, na medida em que se objetiva com ela proteger o mercado daqueles riscos inerentes à própria atividade.

---

4. *O Sistema Financeiro Nacional e a Regulação Bancária*. São Paulo: RT, 2005, p. 61.
5. *Op. loc. cit.*

O interesse público, então, confunde-se com o interesse, a longo prazo, das próprias entidades integrantes do sistema (ainda que divergente do interesse de seus administradores), consistente na adoção de mecanismos que importem na criação de uma verdadeira rede protetiva aos bancos e, mais amplamente, a outros organismos que operam no mercado.

A presente conjuntura de facilitação de acesso ao crédito impõe, inclusive, uma amplificação desta rede protetiva, pois existe sensível aumento dos riscos inerentes à atividade.

3. Estado atual da regulação

Não obstante, ainda que assumamos como verdadeira a necessidade de regulação do sistema financeiro, verificamos que, até o momento, esta regulação não alcançou um grau de desenvolvimento suficientemente elevado para estar apto a combater o risco sistêmico e evitar que crises econômicas se alastrem em nível mundial por todas as instituições.

Parece oportuno lembrar que o estágio atual da regulação no Brasil e na grande maioria dos países não decorreu de simples acaso, sendo fruto de uma evolução traumática, porque concebida a partir de sucessivas crises, quando os riscos da atividade acentuavam-se de tal modo que se transformavam em danos concretos às instituições integrantes e à credibilidade do mercado.

Ao longo da história, foram inúmeros os episódios e experiências que levaram ao estágio atual de regulação, podendo-se citar a título de exemplificação, nos últimos anos apenas, as crises asiática, russa, argentina e mais recentemente, a crise das hipotecas nos Estados Unidos e da Grécia, Portugal e Espanha na Europa.

As regras da regulação e a supervisão prudencial decorrem, então, de um efeito ocasionado pelas crises vivenciadas pelo sistema ao longo do tempo.

Lamentavelmente, porém, a experiência não tem levado à consequência esperada, qual seja, de dotar o Estado e o próprio mercado de salvaguardas capazes de evitar que em algum momento os riscos se acentuem de tal modo que conduzam a nova crise.

A experiência internacional demonstra que a regulação bancária e a supervisão prudencial do sistema objetivam evitar a concretização de riscos, os quais, no campo da atividade específica, têm caráter bastante singular.

Importante lembrar que a essência da atividade bancária implica na captação de recursos e posterior restituição dos mesmos, sendo que no hiato de tempo entre uma operação e outra, o *spread* remunera a instituição tomadora. É precisamente nesses hiatos que se evidenciam os riscos.

Ocorre, no entanto, como já mencionado, que os Estados não têm logrado êxito na realização dos objetivos pretendidos, não conseguindo evitar novas crises e problemas. Reside aí um aparente paradoxo entre o momento atual da regulação e a ampliação dos riscos da atividade.

Inobstante a atuação frequente dos organismos oficiais e dos próprios agentes do mercado, cada vez mais cresce a convicção de que novas crises ocorrerão, pelas mesmas razões das crises anteriores ou pelo advento de novas situações.

O estágio atual da regulação impõe uma forte presença do Estado no estabelecimento de regras disciplinadoras da atividade financeiras e, especificamente, da atividade bancária. Essa é uma convicção atual, qual seja, da necessidade da presença do Estado. Todavia, isso não tem sido suficiente a assegurar com certeza que novas crises não ocorrerão.

Essa verdadeira incapacidade de evitar a eclosão de novas crises, quer guardem semelhanças com as anteriores, quer se diferenciem de forma absoluta, resulta, a nosso ver, de dois fatores:

a) a ganância quase irrefreável de algumas instituições que atuam no mercado, as quais, na busca incontrolável de lucros, acabam violando preceitos básicos das relações econômicas, aumentando os riscos inerentes à atividade e fazendo com que crises, decorrentes do aumento dos riscos, se façam mais frequentes; e

b) a timidez dos organismos oficiais no estabelecimento de medidas tendentes a implementar a rede de proteção do sistema financeiro.

Nesse particular, é possível afirmar que na atualidade existe a absoluta necessidade de que o Estado tenha o justo e adequado dever de estabelecer regras disciplinadoras dos mercados, destinadas à proteção e preservação dos mesmos, devendo atuar de modo mais frequente e incisivo.

4. Perspectiva

Ainda que o estágio atual da regulação não enfrente adequadamente o problema do risco sistêmico, a nosso ver, cabe lembrar que o mesmo desenvolve-se em ritmo elevado, tendo em vista que cresce de maneira geométrica, à medida que se multiplicam as operações financeiras, não só em número, como também em complexidade e interdependência.

Parece fora de dúvida que a perspectiva de uma economia globalizada de investimentos e aplicações, dando maior mobilidade aos agentes que operam no mercado, implicará na ampliação dos riscos inerentes à atividade e na possibilidade da ocorrência de novas crises.

Frente a esse quadro e diante das considerações até aqui apresentadas, parece ser razoável pensar que o desenvolvimento da regulação e a supervisão prudencial da atividade financeira como um todo, e da bancária em particular, constituem-se em tendências irrefreáveis.

Evidencia-se, porém, que num contexto de economia globalizada novas práticas devem ser seguidas. De fato, deve-se pensar de forma prospectiva, numa regulação global, feita não apenas pelos Estados individualmente, mas em conjunto e sob a supervisão de organismos internacionais, de modo que a rede de proteção já citada possa abranger um grande número de economias.

O trânsito de capitais entre Estados, a redução de barreiras e a diluição de fronteiras às operações econômicas internacionais, mais do que justificar, impõem o estabelecimento de uma regulação global, de modo que as regras de disciplina interna dos mercados não venham a sucumbir ante a complexidade e rapidez de um mercado global. Ou seja, não há dúvida acerca da necessidade do estabelecimento de regras regentes do mercado, mas devem adaptar-se aos novos tempos. Tempos de globalização.

5. Considerações finais

Já ficou dito, mas vale repetir, que a existência de uma rede protetiva do mercado financeiro e da atividade bancária, em particular, é providência que se impõe naturalmente em decorrência da existência de um "risco sistêmico" inerente à própria atividade.

O risco, pois, é próprio e pertinente a toda atividade econômica, e mais precisamente, à atividade bancária.

O atual estágio de regulação, porém, não tem sido suficiente a coibir a ocorrência de novas crises, reclamando-se, portanto, uma atuação mais incisiva do Estado nesse campo.

Por fim, deve-se ter em perspectiva que uma economia globalizada importa na ampliação de oportunidades aos agentes que operam no mercado, implicando também no consequente aumento dos riscos. Tal cenário reclama a adoção de providências abrangentes, ditadas pelos organismos internacionais responsáveis, como forma de ampliar as redes de proteção, frente a um risco que a par de sistêmico é também global.

6. Referências

DATZ, Marcelo Davi Xavier da Silveira. *Risco Sistêmico e Regulação Bancária no Brasil* (dissertação de Mestrado). Fundação Getulio Vargas. Disponível em: <http://www.narce.nuca.ie.utry.br/teses/fgv>. Acessado em: 07/07/2010.

MENDONÇA, Ana Rosa Ribeiro. *Regulação Prudencial e Redes de Proteção*: Transformações Recentes no Brasil. Disponível em: <http://www.eco.unicamp.br/asp-scripts/boletim>. Acessado em: 11/07/2010.

ROUBINI, Noriel e MIHM, Stephan. *A Economia das Crises*. Rio de Janeiro: Intrínseca, 2010.

TURCZYN, Sidnei. *O Sistema Financeiro Nacional e a Regulação Bancária*. São Paulo: Revista dos Tribunais, 2005.

2

Regulação, Globalização e Acordos de Basileia

FERNANDO JORGE CASSAR

As crises financeiras mundiais, que cruzaram os quatro cantos da Terra, ocorridas no final do século XX e início do presente, colocaram os países em alerta máximo quanto à necessidade de instituir mecanismos que evitassem, ou ao menos minimizassem, a ocorrência dos colapsos financeiros experimentados por todo o mundo recentemente.

A globalização cada vez se torna mais presente na sociedade contemporânea. Nas palavras da Professora Vólia Bomfim Cassar,[1] entendemos seu conceito como o processo mundial de integração de sistemas, culturas, produção, economias, mercado de trabalho, conectando comunidades e interligando o mundo por meio de redes de comunicação e demais instrumentos tecnológicos, quebrando fronteiras e barreiras. Acarreta transformações na ordem econômica e política mundial, abalando principalmente países de economia mais frágil. É uma "onda" que traduz uma nova cultura global no quadro das transformações do capitalismo liberal e da economia mundial. É um produto inevitável da alta tecnologia nas áreas da informática e das comunicações. É uma ordem econômica e tecnológica transnacional.

Todos nós sabemos que a intervenção do Estado na economia é um tema que sempre esteve e estará presente no centro das principais discussões entre os economistas, os atores políticos e a sociedade como um todo.

---

1. Cassar, Vólia Bomfim. *Princípios trabalhistas, novas profissões, globalização da economia e flexibilização das normas trabalhistas.* Rio de Janeiro: Impetus, 2010.

A participação do Estado na economia se dá de forma clássica, nas atividades em que o setor privado não demonstra qualquer interesse em explorá-las. São aqueles serviços essenciais que nem sempre despertam naquele setor algum interesse maior. Mas também ocorre quando o Estado procura concorrer com a iniciativa privada, almejando não só o desenvolvimento, mas também perseguindo o lucro, isto porque, quando determinada atividade se apresenta altamente lucrativa, o Estado acaba indagando-se por qual motivo não entra naquele setor econômico, se tem iguais ou até melhores condições de fazer do que a própria iniciativa privada.

Por outro lado, a economia se apresenta de forma a promover a competição entre os agentes econômicos. O setor privado se alimenta da competição. E esta deve ser estimulada, pois somente a partir dela haverá um maior número de ideias e, consequentemente, saudável aumento da criatividade, surgido de uma acirrada concorrência entre aqueles que pretendem inovar, saudando o progresso econômico com novas e promissoras ideias, levando ao desenvolvimento em todas as áreas científicas das sociedades. Não por acaso, presenciamos no último século uma verdadeira revolução social, política e econômica.

Para que este crescimento econômico possa ser sustentado ao longo do tempo, determinadas medidas são indispensáveis. Não só para organizar os setores da economia, mas também para preservar a saúde financeira dos Estados. E, então, estes entram com sua máquina e poder, uma vez que são potenciais fontes de recursos ou de ameaças a toda atividade econômica na sociedade.

Assim, vemos que o Estado com o poder de proibir ou permitir, de tomar ou dar dinheiro, pode ajudar ou prejudicar diversos segmentos econômicos de diversas formas. Quer injetando recursos na economia, quer retirando-os. Suas políticas determinarão fortemente os destinos da economia. Desta forma, necessário que se opere uma política séria que ajude a regulá-la. Evidente que esta regulação não pode nem deve ser usada para intervir na economia engessando a iniciativa privada. Mas também sabemos que sem a presença direta ou indireta do Estado, a economia corre riscos de naufragar e, consequentemente, demorar a se reerguer.

Podemos constatar pelas palavras de George J. Stigler,[2] o papel da regulação econômica:

> Os usos potenciais de recursos e poderes estatais para melhorar a condição econômica dos grupos econômicos (tais como indústrias e profissões) são analisados para produzir um esquema da demanda por regulação.

---

2. Stigler, George J. A teoria da regulação econômica. *In: Regulação econômica e democracia – O debate norte-americano*. São Paulo: Editora 34. p. 23.

Richard A. Posner[3] acentua ainda que muitas teorias têm sido desenvolvidas para explicar o padrão observado da regulação estatal da economia. Essas incluem a teoria do "interesse público" e diversas versões, propostas ou por cientistas políticos ou por economistas.

A regulação não poderia ser diferente quanto ao sistema financeiro internacional, uma vez que as economias capitalistas dependem fundamentalmente dos recursos financeiros alocados e administrados pelos organismos bancários de todo o mundo. Deste modo, não se pode conceber que, sendo as economias dos países cada vez mais dependentes da organização financeira mundial, deixe de existir uma regulação consistente que permita evitar o colapso do sistema bancário a nível internacional. Isto porque, como já vimos, as crises financeiras ocorridas no final do século XX e na primeira década do atual, atingiram as economias de todos os países. Alguns sentiram de forma mais intensa, outros menos. Mas o fato determinante foi o de que todos tiveram sua economia de alguma forma afetada por aquelas crises financeiras.

É cediço que os bancos sempre correm riscos e estão dispostos a correr. Porém, para haver controle sobre o risco, os gestores têm que precipuamente assegurar que o total do risco assumido seja compatível com a capacidade que o banco tem de absorver perdas potenciais em caso das operações serem malsucedidas.

A fim de assegurar a estabilidade do sistema financeiro mundial, observando-se a necessidade de proteger os depositantes, imperioso foi o fortalecimento dos bancos.

O Acordo de Basileia é atualmente um instrumento que sugere a regulação do sistema bancário internacional. Foi assinado na cidade que ostenta aquele nome, situada na Suíça e adotado por mais de 100 países. O primeiro acordo, que aqui chamaremos de Basileia I, denominado oficialmente International Convergence of Capital Measurement, foi firmado em 1988. O Bank of International Settlemente (BIS), entidade responsável pelo sistema de informação bancária em nível mundial, fomentou a formulação de uma proposta que definisse um acordo de capitais apoiado em bases mais sólidas, refletindo melhor a nova realidade do setor financeiro e consequentemente permitindo aos bancos e supervisores uma gestão eficaz dos riscos inerentes. Foi então o resultado de uma iniciativa internacional de alguns países para o desenvolvimento de padrões seguros de capital para riscos de crédito assumidos pelos bancos. Como principais objetivos, destaco o fortalecimento do sistema financeiro internacional concomitantemente com a promoção da convergência de padrões nacionais de capital, afastando desigualdades competitivas entre os bancos. Foram estabelecidos princípios fundamentais, salientando-se as exigências

---

3. Posner, Richard A. Teorias da Regulação econômica. *In: Regulação Econômica e Democracia – O debate norte-americano.* São Paulo: Editora 34. p. 49.

mínimas de capital, que devem ser respeitadas por bancos comerciais a fim de se precaver contra o inevitável risco de crédito.

Com o decorrer do tempo, o Acordo de Basileia I recebeu diversas críticas em relação aos requisitos regulatórios que se evidenciaram pouco eficazes e não condizentes aos níveis reais de risco. Ficaram evidenciados com a crise da Ásia ocorrida no final da década de 1990.

Em 2004 foi assinado o novo acordo denominado Basileia II. Pela ordem cronológica, verificamos que após as crises financeiras internacionais do final do século passado, originando diversas falências de bancos àquela época, algumas medidas tiveram que ser implementadas. Dentre elas, destacam-se três pilares do acordo: capitais mínimos requeridos, supervisão do sistema bancário e maior transparência e disciplina de mercado.

O primeiro pilar, capitais mínimos requeridos, trouxe em seu escopo a necessidade de rever a metodologia de mensuração, análise e administração de riscos de crédito (risco do banco não receber pelo que emprestou) e operacional (risco de perdas provocadas por falha humana de algum bancário, possibilidade de fraude ou força maior). Logo, as entidades bancárias foram obrigadas a alocar maior capital frente ao acima narrado.

O segundo pilar, supervisão do sistema bancário, estipulou que o supervisor passaria a ser o responsável por avaliar como os bancos estão estimando a adequação de suas necessidades de capital frente aos riscos assumidos.

Finalmente o terceiro pilar, disciplina de mercado e transparência, visa estimular uma maior disciplina do mercado através do aumento da transparência dos bancos, informando melhor aos agentes de mercado, por exemplo, sobre as fórmulas que utilizam para gestão de risco e alocação de capital. Podemos citar entre as novas exigências de abertura dos bancos, a forma pela qual estes calculam sua adequação às necessidades de capital e seus métodos de avaliação de risco.

O Acordo de Basileia II busca exigir um maior controle interno dos próprios bancos, incluindo-se sua contabilidade e administração de riscos, disciplinando desta forma em consonância com o mercado.

Como crítica ao Acordo de Basileia e sua repercussão no Brasil, destaca-se um impacto negativo ao estabelecer um limite para o crédito sem estabelecer limites para as aplicações em títulos públicos, pois sabemos o quanto o governo se utiliza deste instrumento para alterar a economia. Outro destaque merece ser apreciado em nosso país. Estou me referindo ao componente custo de oportunidade do *spread* bancário brasileiro, que não deve ser superestimado, uma vez que variáveis institucionais e microeconômicas, além de outros vetores de ordem macroeconômica, também exercem forte influência sobre os diferenciais cobrados pelos bancos entre suas taxas de aplicação e a captação de recursos.

Referências

CASSAR, Vólia Bomfim. *Princípios trabalhistas, novas profissões, globalização da economia e flexibilização das normas trabalhistas.* Rio de Janeiro: Impetus, 2010.

MATTOS, Paulo. (coord.) *Regulação econômica e democracia – O debate norte-americano.* São Paulo: Editora 34, 2004.

3

Risco sistêmico

Patrícia Cerqueira de Oliveira

1. Introdução; 2. Conceito; 3. Elementos básicos; 4. Características;
5. Possíveis soluções; 6. Considerações finais; 7. Referências

1. Introdução

Nos últimos anos, crises financeiras não têm sido raras no mundo inteiro, afetando países com cenários bastante diferentes e atingindo instituições tidas como estáveis e sólidas.

Caso emblemático foi a quebra do Lehman Brothers e de outras instituições financeiras nos Estados Unidos da América, que afetou profundamente a confiança do mercado. Na verdade, quando o risco se concretiza, os participantes do mercado perdem o referencial de risco individual, e as consequências têm sido tão trágicas que nem os grandes planos de resgate estão se mostrando suficientes. Essa perda da noção do risco individual tira do mercado a capacidade de se autoajustar.

A quebra de instituições sólidas como o Lehman Brothers aumenta a aversão dos investidores ao risco, provocando uma crise de confiança que se espalhou muito rapidamente por todo o mundo, porque os mercados, agora, estão interligados, o que provoca graves arranhões na credibilidade de todo o sistema.

Diante desse cenário, vários estudos, publicações em revistas especializadas e reflexões sobre o tema têm se mostrado bastante oportunos. A intenção, aqui, restringe-se a conceituar, identificar e caracterizar o risco sistêmico, reservando a abordagem quanto ao Comitê de Bancos da

Basileia, regulação, papel do Banco Central, dentre outras discussões específicas ao setor financeiro brasileiro para outro momento.

2. Conceito

A expressão risco sistêmico é muito empregada em momentos de crise, especialmente no contexto atual, em que crises financeiras ocorrem simultaneamente em diversos países, com características bastante diferentes. Nessas ocasiões, muito se emprega, também, a expressão crise sistêmica, sobretudo em crises bancárias. Ocorre que, conquanto muito utilizado o termo, seu significado exato ainda é muito discutido.

O Comitê de Bancos da Basileia definiu risco sistêmico como sendo aquele em que a inadimplência de uma instituição para honrar seus compromissos contratuais pode gerar uma reação em cadeia, atingindo grande parte do sistema financeiro. Tal definição pressupõe elevada exposição direta entre instituições, de modo que a falência de qualquer delas produza um verdadeiro "efeito cascata" sobre todo o sistema.

O *Business Dictionary* traduz risco sistêmico como sendo a probabilidade de perda ou falha comum a todos os membros de uma classe ou grupo ou a todo um sistema, apontando que pode ser erroneamente chamado de risco sistemático.[1]

O risco sistêmico também pode ser definido, em linhas gerais, como a possibilidade de contágio em outros participantes de um sistema, a partir de problemas de funcionamento em uma das partes integrantes desse sistema, caracterizando-se, assim, como a probabilidade de contágio, que vem a ser potencializado pela percepção que os agentes econômicos têm dessa probabilidade.

Em palestra proferida por ocasião do encontro conjunto da Associação Nacional dos Centros de Pós-graduação em Economia (Anpec) e da Sociedade Brasileira de Econometria (SBE), em dezembro de 2005, o Professor José Alexandre Scheinkman adotou a definição de risco sistêmico como sendo o risco que um choque a uma parte limitada de um sistema se propague por todo o sistema, levando a sua quebra, devido aos arranjos institucionais prevalecentes.

3. Elementos básicos

Todos os conceitos apresentados para a expressão **risco sistêmico** trazem dois elementos básicos que são: a) um ponto de partida, que pode ser um desequilíbrio, uma falha, anomalia em um dos integrantes do sistema; b) com ampla probabilidade de contagiar diversos componentes desse sistema, senão todo o conjunto, provocando abalos expressivos.

---

1. General: probability of loss or failure common to all members of a class or group or to an entire system. Erroneously also called systematic risk. <http://www.businessdictionary.com/definition/systemic-risk.html>. Acessado em: 18/06/2010.

Esses elementos foram ilustrados por Roubini,[2] ao comentar eventos ocorridos em 2008, quando compara o quadro característico do expansionismo da crise sistêmica com o contágio de uma doença. O autor explica que "a história confirma que as crises são como pandemias: começam com a erupção de uma doença, que em seguida se propaga, irradiando-se para fora do seu ponto de origem".

Roubini[3] descreveu um cenário aterrador sobre a crise imobiliária dos Estados Unidos da América, que traz consigo a forma de manifestação do risco sistêmico:

> Quando os compradores de casas se tornassem inadimplentes, todo o sistema financeiro global pararia de funcionar de repente, à medida que os trilhões de dólares de títulos lastrados pelas hipotecas começassem a vencer. Essa crise imobiliária que iria se materializar – concluiu ele – "levaria (...) a um problema sistêmico para o sistema financeiro", deflagrando uma crise que provocaria grandes dificuldades ou causaria a derrocada dos fundos de hedge dos bancos de investimentos, bem como das gigantescas instituições financeiras garantidas pelo governo, como a Fannie e a Freddie Mac.

A afirmação anterior evidencia claramente como o risco de uma crise sistêmica se manifestava. No caso mencionado, a inadimplência do setor imobiliário não estaria restrita aos limites daquele setor, porque tinha força para afetar gravemente o sistema financeiro global, uma vez que os empréstimos de somas estratosféricas em dólares eram garantidos pelos imóveis dados em hipoteca. Vencidas e não pagas as dívidas, a saída seria tomar os imóveis que lhe garantiam. Todavia, estes já haviam sofrido desvalorização e, na maioria das vezes, eram garantidores de diversos empréstimos, de diversos valores.

A ideia de risco sistêmico contém, assim, um juízo de probabilidade de que alterações, desequilíbrios, anomalias, ou choques sofridos por um determinado segmento venham a contagiar todos os integrantes daquele sistema, ou, até mesmo, extrapolar as fronteiras dele.

4. Características

Toda atividade econômica apresenta riscos que lhe são inerentes. O que diferencia o risco sistêmico daquele típico de cada atividade é que ele se manifesta como um "evento atípico", ou seja, fora dos padrões normais de distribuição de riscos, consoante bem identificado por Taleb.[4] Diante desse quadro especial, os mercados

---

2. Roubini, Nouriel; Mihm, Stephen. *A economia das crises*: um curso relâmpago sobre o futuro do sistema financeiro internacional. Tradução Carlos Araújo. Rio de Janeiro: Intrínseca, 2010. p. 17.
3. *Idem*, p. 10.
4. Taleb, Nicholas Nassim *apud* Nouriel Roubini e Mihm, Stephen. *Op. cit.*, p. 11.

se apresentam despreparados para enfrentar a doença contagiosa.

Ao contrário do que habitualmente se afirma, o risco ou probabilidade de uma crise de proporções abrangentes não é caracteristicamente imprevisível. Antes, uma atenta observação dos cenários econômicos e dos seus respectivos movimentos possibilitaria antever, senão suspeitar, a possibilidade de sua ocorrência, razão pela qual a previsibilidade passa a ser considerada como característica do risco sistêmico, ao lado de um forte declínio na confiança dos consumidores, ao verem a economia sendo devastada pelos mais diversos males capazes de abalar estruturas aparentemente sólidas, o que vêm, geralmente, acompanhados de uma profunda recessão.

O que acalma as previsões mais pessimistas é a certeza de que todas as crises terminam; elas não se perpetuam, embora seus efeitos devastadores possam ser sentidos ao longo de muitos anos e de diversas formas.

Assim, aliando o conhecimento das áreas mais ligadas ao setor em que poderá manifestar-se a enfermidade, à queda de confiança do consumidor e uma recessão profunda decorrente da crise uma vez instalada, e à certeza de que a pandemia será combatida, é possível dizer, ainda, que a crise sistêmica é metódica. Em outras palavras, possui contornos bastante previsíveis, que permitiriam combater o risco antes de sua consumação eficientemente. Se isso não tem ocorrido, ou não ocorreu nos relatos históricos mais conhecidos, certamente pode ter decorrido de um excesso de confiança na máxima de que "desta vez é diferente", expressão utilizada por Rogoff,[5] ou porque a cautela recomendada pelos mais ilustres acadêmicos e economistas políticos sucumbiu à sedução do enriquecimento experimentado, apesar do risco.

Ora, na medida em que a enxurrada de dinheiro caía sobre os Estados Unidos, bancos poderosos como Goldman Sachs Merrill Lynch e o falecido Lehman Brothers, ou o antigo gigante Citibank, desfrutaram de disparada nos lucros divulgados em seus balanços de conhecimento público. Os lucros vultosos os impulsionavam a correr o risco de uma catástrofe econômica de proporções incalculáveis, que veio a eclodir com a crise financeira que abalou os Estados Unidos em 2007.

5. Possíveis soluções

Não há uma solução unívoca para o risco sistêmico, um verdadeiro instrumento-panaceia para evitá-lo por completo. É possível afirmar, contudo, que as possíveis soluções para esse grave problema que ameaça toda a economia mundial pertencem, em geral, a três grandes linhas de pensamento, quais sejam, a regulação, a desregulação e a autorregulação.

---

5. Rogoff, Kenneth S.; Reinhart, Carmen M. *Oito Séculos de Delírios Financeiros*: desta vez é diferente. Tradução Afonso Celso da Cunha Serra. Rio de Janeiro: Elsevier, 2010. p. 206.

A definição destes termos não é simples. Contudo, adotando as lições de Alexandre Santos de Aragão,[6] poderíamos conceituar regulação como:

> ...o conjunto de medidas legislativas, administrativas e convencionais, abstratas ou concretas, pelas quais o Estado, de maneira restritiva da liberdade privada ou meramente indutiva, determina, controla, ou influencia o comportamento dos agentes econômicos, evitando que lesem os interesses sociais definidos no marco da Constituição e orientando-os em direções socialmente desejáveis.

A desregulação, *a contrario sensu*, seria precisamente o fenômeno inverso, no qual, em favor da liberdade do mercado, reduzem-se essas medidas legislativas, administrativas e convencionais, deixando mais livres as condutas dos agentes econômicos, acreditando na capacidade destes de alocar corretamente os recursos sociais, ou ao menos mais corretamente que quando restritos pelo Estado e outras fontes normativas.

Já a autorregulação é como um intermediário entre esses dois opostos. Porquanto existam normas cogentes limitando a atividade econômica, estas não são impostas pelo Estado, mas sim elaboradas pelos próprios agentes daquele mercado, visando a salubridade do mesmo em longo prazo. Exemplo de sucesso é o Código Brasileiro de Autorregulamentação Publicitária, do Conselho Nacional de Autorregulamentação Publicitária, a estabelecer diversas normas altamente eficientes de regulação do mercado publicitário.

Como anteriormente afirmado, não há, entre essas três, uma solução única tida como correta. Necessário, portanto, que os governos mundiais investiguem qual delas melhor se adapta a prevenir a ocorrência de novas crises em razão do risco sistêmico.

6. Considerações finais

O risco de uma crise sistêmica reflete o risco de uma grande crise de liquidez nos bancos, que não suportariam retiradas vultosas. Essas retiradas, por sua vez, decorrem da necessidade de retirada de recursos por parte de empresas para cobrir prejuízos com operações no mercado de bolsa e derivativos.

Ao menos é assim que se têm manifestado as crises atuais. Ao passo que o risco se concretiza e a crise se instala, prega-se a necessidade de novas medidas para garantir a liquidez do sistema, o que, no Brasil, respinga na necessidade de intervenção do Banco Central.

---

6. Aragão, Alexandre Santos de. *Agências reguladoras e a evolução do direito administrativo econômico.* 2. ed. Rio de Janeiro: Forense, 2003.

Há também quem afirme que seria necessário reforçar a autodisciplina do mercado, com regras prescritivas e genéricas, que incentivem a adoção de comportamento prudencial pelas instituições. A conclusão é que tanto a regulamentação excessiva do setor público, quanto a imprudência desmedida do setor privado poderiam, a médio e longo prazo, afetar a eficiência da economia.

É preciso, pois, conhecer os movimentos da crise sistêmica, desde os mais tênues sinais de risco de sua ocorrência, até as medidas corretivas ou reguladoras, para garantir a capacidade de resistência e enfrentamento quando o mal atingir os países ou mesmo a economia mundial.

7. Referências

ARAGÃO, Alexandre Santos de. *Agências reguladoras e a evolução do direito administrativo econômico*. 2. ed. Rio de Janeiro: Forense, 2003.

DATZ, Marcelo Davi Xavier da Silveira. *Risco Sistêmico e Regulação Bancária no Brasil*. Dissertação (Mestrado em Economia) – Fundação Getulio Vargas, Rio de Janeiro, 2002, 103 p.

FRANCO, Gustavo H. B. Derivativos e risco sistêmico. Disponível em: <http://www.econ.puc-rio.br/gfranco>. Acessado em: 18/06/2010.

GARCIA, Márcio G. P. *Risco sistêmico, derivativos e crises*. Departamento de Economia – PUC-Rio. Disponível em: <http://www.econ.puc-rio.br/mgarcia/Artigos/Macrometrica/!riscosistm.pdf>. Acessado em: 18/06/2010.

ROGOFF, Kenneth S.; REINHART, Carmen M. *Oito Séculos de delírios financeiros*: desta vez é diferente. Tradução Afonso Celso da Cunha Serra. Rio de Janeiro: Elsevier, 2010.

ROUBINI, Nouriel; MIHM, Stephen. *A economia das crises*: um curso relâmpago sobre o futuro do sistema financeiro internacional. Tradução de Carlos Araújo. Rio de Janeiro: Intrínseca, 2010.

TAKAMI, Marcelo. *Avaliação do Risco Sistêmico do Setor Bancário Brasileiro*. Disponível em: <http://www.anpec.org.br/encontro2006/artigos/A06A096.pdf>. Acessado em: 18/06/2010.

RISKBANK. *O risco sistêmico e o impacto sobre os bancos no Brasil* – Parte IV. Disponível em: <http://www.riskbank.com.br/autentica.pl?arquivo=criseIV.pdf&area>. Acessado em: 18/06/2010.

4

Políticas Públicas em tempos de crise: O caso do Sistema Financeiro Internacional

CLAUDIA REGINA LIMA RENTROIA

1. Introdução; 2. A crise; 3. Consenso de Washington; 4. Políticas públicas; 5. Desregulação; 6. "Contramovimento" realista de proteção da sociedade; 7. Intervenção estatal ativa; 8. Investimentos públicos e maior oferta de empregos públicos e/ou salários do funcionalismo; 9. Referências

1. Introdução

O objetivo deste texto é apresentar uma análise crítica das diversas medidas de auxílio aos mercados em crise por meio dos instrumentos de políticas públicas que ou estão ou podem vir a ser adotados pelos governantes. Optou-se pela pesquisa bibliográfica como metodologia do estudo.

Em 2008 o mundo presenciou a propagação de uma crise econômica iniciada nos EUA e que, em efeito dominó, afetou vários países, direta ou indiretamente. Não se pode imaginar que a crise contemporânea mundial teve início nesse ano. O processo ocorreu progressivamente. E apesar das afirmações em contrário de vários atores políticos e de vários especialistas da comunidade financeira, foi uma "Crônica de uma Morte Anunciada". Já em 2006, Nouriel Roubini advertia claramente, "em um QG do *establishment* financeiro", no Fundo Monetário Internacional, em uma "palestra para uma cética plateia":[1] em alguns anos uma profunda recessão

---

1. Roubini, Nouriel; Mihm, Stephen. *A economia das crises:* um curso-relâmpago sobre o futuro do sistema financeiro internacional. Rio de Janeiro: Intrínseca, 2010, p. 9.

tomaria conta da economia americana e mundial em decorrência de uma crise imobiliária sem precedentes. E não se tratava de opinião isolada: no início de 2008, o professor da Universidade da Califórnia, Robert Brenner, afirmava que desde a Grande Depressão dos anos 1930 não se via nada tão devastador quanto o fenômeno vivido atualmente pela sociedade internacional.[2]

Com o objetivo de mitigar os reflexos e o efeito cascata que a crise poderia ocasionar em vários setores da sociedade, os governos procuraram, por meio de políticas públicas, dar suporte a determinados setores, como, por exemplo, o setor bancário. Tais medidas protetivas e institucionalistas – chamadas aqui de políticas públicas – levaram em consideração os efeitos sociais que a "quebra" dos bancos, por exemplo, acarretaria.

Numa crítica madura a respeito das medidas que estão sendo tomadas pelos diversos governos, Jorge Vianna Monteiro alerta para o fato de que "os recursos alocados pelas operações de socorro têm sido concedidos com pouco sentido seletivo, ou seja, as medidas vão sendo adotadas independentemente de que a concentração de poder decisório nos mercados possa estar sendo estimulada pela própria ação governamental".[3] Exemplifica, comentando as cifras astronômicas que estão sendo concedidas como crédito "à indústria automotiva (ou qualquer outro segmento privado que consegue se organizar como grupo de interesses)".[4]

As políticas públicas indicam a preferência dos governantes em função da constatação dos recursos disponíveis e da identificação dos problemas apresentados. E os instrumentos utilizados são escolhidos levando-se em consideração essa decisão estratégica dos atores envolvidos no processo.

João Rodrigues e Renato Miguel do Carmo,[5] ao discutirem as políticas públicas em tempos de crise, afirmam que se trata de questão de fundamental importância o debate e a reflexão a respeito do papel a ser assumido pelo Estado, a constatação dos desafios que advirão com a nova tomada de posição e as responsabilidades que deverão assumir os Estados que tiverem interesse no crescimento econômico mesmo diante da crise mundial que se verifica atualmente. A posição do Estado como vilão, usurpador do livre movimento dos mercados, deve ser repensada, assim como sua função regulatória, mesmo diante da impossibilidade de se impor limites a esta atuação estatal.

---

2. Brenner, Robert. O princípio de uma crise devastadora. *Revista "Virus"* (Portugal). Disponível em: <http://www.nossofuturoroubado.com.br/arquivos/julho_09/principio_crise.html>. Acessado em: 17/07/2010.
3. Monteiro, Jorge Vianna. *Rent seeking* em tempos de crise. *Revista de Administração Pública*, Rio de Janeiro: Fundação Getulio Vargas, v. 43, nº 1, jan./fev. 2009.
4. *Idem.*
5. Rodrigues, João; Carmo, Renato Miguel do. (Coord.) *Onde Para o Estado? Políticas Públicas em Tempos de Crise*. Lisboa, Portugal: Nelson de Matos, 2009, p. 13.

2. A Crise

Não se pode negar que a evolução da economia mundial é repleta de momentos de crise. Eles são recorrentes e cada um deles tem características próprias a serem analisadas. A crise atual não é diferente neste aspecto. Em outros, porém, nada possui de similar com as antecedentes.

Afirma-se que, regra geral, as crises se iniciam em decorrência de inovações tecnológicas. Foi assim com a estrada de ferro na Inglaterra e a explosão da internet,[6] apenas para mencionar dois exemplos. A crise que hoje assola o mundo, no entanto, não é decorrente de inovações tecnológicas.[7] No entanto, uma inovação financeira – a securitização –, em que "ativos ilíquidos, como hipotecas, poderiam ser reunidos e transformados em ativos líquidos negociáveis no mercado aberto",[8] pode ter colaborado para a crise atual. Passou-se a adotar a securitização para "quase tudo" sem que houvesse interesse dos bancos e/ou empresas que originavam os valores mobiliários em acompanhar o pagamento dos empréstimos que davam causa aos títulos.

Enquanto isso, o *Federal Reserve* americano e outros grandes bancos centrais promoveram um gigantesco estímulo ao consumo e ao empréstimo pessoal, em particular ao consumo doméstico e à construção residencial.[9] Em consequência, um aumento excessivo nos preços das moradias começou a ocasionar um acréscimo na dívida dos adquirentes. A economia norte-americana aparentava estar revitalizada e, somado a aumentos nas importações e nas balanças comercial e de pagamentos, demonstrava "o que pareceu ser uma expansão econômica mundial notável".[10]

Esperava-se que diante dessa situação as empresas retomassem os investimentos, o que efetivamente não ocorreu. Com o objetivo de aumentar suas taxas de lucro, as empresas diminuíram o número de trabalhadores, os investimentos e os salários. Brenner menciona a tentativa das empresas na exploração dos custos do crédito em níveis muito baixos "para melhorar a sua posição e a dos seus acionistas através da manipulação financeira – saldando as dívidas, pagando dividendos e comprando as suas próprias ações de forma a que estas se valorizassem, sobretudo através de uma enorme onda de fusões e aquisições".[11]

---

6. Roubini, Nouriel; Mihm, Stephen. *Op. cit.*, p. 73-74. Os autores explicam a engrenagem da inovação tecnológica. Segundo eles, a expectativa gerada pelas novas descobertas impulsionam o mercado de investimentos. No entanto, após os primeiros investimentos, em regra, forma-se uma bolha especulativa que não demora muito a entrar em colapso. Quando isso ocorre, o benefício que permanece (nos exemplos da estrada de ferro e da internet, deixaram, no primeiro caso, "uma estrutura de transporte essencial para a expansão econômica do país ao longo do século XIX", e, no segundo, "uma nova infraestrutura de comunicações") justifica o risco e as possíveis perdas dos investidores.
7. *Idem*, p. 74.
8. *Idem*, p. 75.
9. Brenner, Robert. *Op. cit.*
10. *Idem*.
11. *Idem*.

O "castelo de cartas" começa a ruir.

Não basta, para a análise das profundas transformações ocorridas, a análise econômica dos fatores que deram origem à atual crise. É necessário realizar, ainda, a análise da dimensão política do fenômeno, pois alguns erros que seguramente foram cometidos, "em determinados contextos, podem ter sido necessários".[12] João Galamba afirma que esta "crise não é um simples desequilíbrio técnico temporário que, uma vez corrigido, nos permitirá regressar à normalidade".[13]

Procurar culpados ou afirmar que o setor financeiro americano e europeu ocasionou todo o problema é uma resposta simplista para um problema complexo. Galamba é esclarecedor ao avaliar que não "podemos dizer simplesmente que a financeirização poderia ter sido evitada e que tudo isto se deve ao facto do Estado se ter desviado do essencial".[14]

3. Consenso de Washington

Trata-se de uma série de orientações propostas pelo economista do *International Institute for Economy*, John Williamson, que orientou e condicionou o acesso aos empréstimos do Fundo Monetário Internacional e do Banco Mundial aos países menos desenvolvidos, em especial os países da América Latina, na década de 1990. Todo o problema da adoção do Consenso de Washington pelos órgãos internacionais se deu em função da má interpretação das orientações propostas por seu "criador" e pelo fato de durante sua implementação pelos países em transição a situação econômica mundial haver se alterado sem que isso fosse levado em consideração.

As políticas públicas se destinavam, no processo de desenvolvimento econômico, a solucionar as questões decorrentes da própria atuação do Estado.[15] Por outro lado, as políticas públicas implementadas deturpavam completamente a orientação original o que, regra geral, acarretou seu fracasso total.[16]

---

12. Galamba, João. A crise actual não revela apenas as contradições do neoliberalismo. *In*: *Onde Pára o Estado? Políticas Públicas em Tempos de Crise*. (Coord. João Rodrigues; Renato Miguel do Carmo). Lisboa, Portugal: Nelson de Matos, 2009, p. 136.
13. *Idem*.
14. *Idem*, p. 138. Além das políticas públicas eficazes, o autor menciona como atuação essencial do Estado a provisão de emprego e crescimento econômico sustentável, provisão de bens e serviços públicos essenciais como saúde, educação e infraestruturas.
15. Mamede, Ricardo Paes. Os desafios do desenvolvimento econômico e o papel das políticas públicas. *In*: *Onde Pára o Estado? Políticas Públicas em Tempos de Crise*. (Coord. João Rodrigues; Renato Miguel do Carmo). Lisboa, Portugal: Nelson de Matos, 2009, p. 173.
16. Naim, Moisés. Ascensão e Queda do Consenso de Washington. O Consenso de Washington ou a Confusão de Washington? *Revista Brasileira de Comércio Exterior* (RBCE). Disponível em: <http://www.funcex.com.br/bases/64-Consenso%20de%20Wash-MN.PDF>. Acessado em: 21/07/2010. Moisés Naim, editor da revista *Foreign Policy*, faz uma análise crítica do chamado Consenso de Washington e elenca as medidas originais propostas por Williamson: 1ª) **Disciplina fiscal**. Altos e contínuos déficits fiscais contribuem para a inflação e fugas de capital; 2ª) **Reforma tributária**. A base de arrecadação tributária deve ser ampla e as *MARGINAL TAX RATES* moderadas; 3ª) **Taxas de juros**. Os mercados financeiros

Ainda hoje, no entanto, tais orientações são usadas por organismos internacionais, tais como a Organização Mundial do Comércio (OMC). Mamede[17] informa que "as regras que conduzem o processo de integração econômica na UE coincidem largamente com os pressupostos e medidas que caracterizam o 'consenso de Washington', exigindo que os Estados-membros abdiquem de muitos dos instrumentos de política" que incentivaram o desenvolvimento econômico em Estados atualmente desenvolvidos. Tais medidas restritivas atingem, em particular, "economias menos desenvolvidas e mais vulneráveis às oscilações verificadas na economia europeia e mundial".

Particularmente em relação às políticas públicas que poderão promover o progresso, são esclarecedoras as ideias de Naim que afirmava, já em 2000, que:

> Não há um consenso sobre esse assunto, quando o que está em pauta não são objetivos gerais, e sim os meios específicos para alcançá-los. No entanto, os anos 90 nos serviram para mostrar as áreas que requerem atenção. Elas podem ser agrupadas em cinco categorias gerais: instabilidade econômica internacional, investimento, desigualdade, instituições e ideologia. Independente da maneira como se apresente a reforma econômica no futuro, qualquer consenso que surgir deve oferecer respostas sólidas para essas questões.[18]

4. Políticas Públicas

Como afirmado, chegou o momento em que o papel do Estado deve ser repensado. Trata-se de um verdadeiro desafio, que deve ser realizado tendo-se consciência de que tal desiderato não pode ser executado da mesma maneira que o seria em momentos estáveis e em que uma crise mundial não estivesse preocupando a todos. É primordial a conscientização do momento crítico por que passa a sociedade internacional e, a partir daí, reestruturar o Estado levando em consideração que o primeiro passo a ser dado é o da adoção de políticas públicas adequadas, transformando-as em protagonistas do futuro papel do Estado.

---

domésticos devem determinar as taxas de juros de um país. Taxas de juros reais e positivas desfavorecem fugas de capitais e aumentam a poupança local; 4ª) **Taxas de câmbio**. Países em desenvolvimento devem adotar uma taxa de câmbio competitiva que favoreça as exportações tornando-as mais baratas no exterior; 5ª) **Abertura comercial**. As tarifas devem ser minimizadas e não devem incidir sobre bens intermediários utilizados como insumos para as exportações; 6ª) **Investimento direto estrangeiro**. Investimentos estrangeiros podem introduzir o capital e as tecnologias que faltam no país, devendo, portanto, ser incentivados; 7ª) **Privatização**. As indústrias privadas operam com mais eficiência porque os executivos possuem um "interesse pessoal direto nos ganhos de uma empresa ou respondem àqueles que tem". As estatais devem ser privatizadas; 8ª) **Desregulação**. A regulação excessiva pode promover a corrupção e a discriminação contra empresas menores com pouco acesso aos maiores escalões da burocracia. Os governos precisam desregular a economia; 9ª) **Direito de propriedade**. Os direitos de propriedade devem ser aplicados. Sistemas judiciários pobres e leis fracas reduzem os incentivos para poupar e acumular riqueza.

17. Mamede, Ricardo Paes. *Op. cit.*, p. 190.
18. Naim, Moisés, *op. cit.*

Uma das formas mais importantes desse atuar, portanto, se dá por meio de políticas públicas que se traduzem em alguns instrumentos que são destinados a regular a atuação dos atores públicos. Giovani afirma que não se pode considerar políticas públicas como simples manifestação estatal para situações de crise; é, na verdade, "uma forma contemporânea de exercício do poder nas sociedades democráticas, resultante de uma complexa interação entre o Estado e a sociedade, entendida aqui num sentido amplo, que inclui as relações sociais travadas também no campo da economia".[19]

Não há regra para se determinar quais são as políticas ideais para as diversas situações. Trata-se de uma escolha dos governantes e decorre de fatores intrínsecos e extrínsecos a eles e também do momento histórico e geográfico a que se refere.

Como se constata, ultimamente as políticas públicas têm se voltado a satisfazer as vontades do mercado e a manter sua estrutura livre e em funcionamento. Passa-se, agora, a vislumbrar o ponto em que cabe ao Estado se preocupar com outras questões, em particular a necessidade de adotar políticas públicas voltadas para momentos de crise, adequadas para as causas do problema e não para suas consequências. Isso porque, em um "ambiente de crise (...) só devemos realmente nos preocupar com questões a longo prazo depois de superado o período imediato de caos".[20]

Não se pode esquecer, no entanto, que qualquer que seja a opção adotada pelo poder público, as políticas públicas devem levar em consideração e ser restringidas pelos princípios constitucionais que norteiam e regulam a atuação da Administração Pública.

Os principais instrumentos que poderão ser utilizados nos momentos de crise mencionados pelos diversos estudiosos do assunto levam em consideração as características e particularidades das regiões estudadas. Aqui são apresentados alguns, que não pretendem esgotar as possibilidades, que poderiam ser adotados no caso brasileiro.

5. Desregulação

Uma das características mais importantes diante da necessidade de reestruturação do papel do Estado é o afastamento do modelo de Estado altamente regulador que foi eficaz em determinados momentos históricos passados. Trata-se de uma necessidade premente, visto que setores específicos, como o financeiro, p. ex., necessitam de qualidade em sua regulação para que efetivamente cumpram o que se tem por objetivo regular. Caso contrário, corre-se o risco de, na busca de uma regulação eficiente, constatar-se a incapacidade do poder público de atingir todas as áreas do

---

19. Giovanni, Geraldo Di. As estruturas elementares das políticas públicas. *Caderno de Pesquisa* nº 82. Núcleo de Estudos de Políticas Públicas (NEPP) da Universidade Estadual de Campinas (Unicamp). São Paulo: 2009. Disponível em: <www.nepp.unicamp.br/d.php?f=117>. Acessado em: 21/07/2010.
20. Alan Greenspan, presidente do *Federal Reserve* em 2008, citado por Roubini e Mihm, *op. cit.*, p. 84.

conhecimento necessárias para a realização de políticas públicas que alcancem os resultados desejados.[21]

Apesar de toda a crítica feita ao antigo presidente do *Federal Reserve*, Alan Greenspan, a desregulação era um de seus objetivos. Especificamente em relação ao setor financeiro, Roubini e Mihm afirmam que nas "últimas três décadas, a liberação dos mercados financeiros das regulações 'onerosas' tornara-se uma questão de fé entre os conservadores. Também se tornara uma política pública".[22] Mencionam, ainda, que o sistema financeiro foi rigorosamente regulado no período da Grande Depressão, o que foi suprimido aos poucos ou eliminado na década 1980.[23]

O Estado regulador deve funcionar de maneira a não interferir no equilíbrio do mercado. Mas não se pode afirmar, com a absoluta segurança com que se fazia há até bem pouco tempo, a plena capacidade do mercado em se autocorrigir, principalmente nos momentos de crise. A atuação estatal deve, portanto, restringir-se à garantia da livre concorrência e à contenção dos abusos do mercado, assegurando um perfeito funcionamento deste. Não compete mais ao Estado "produzir e distribuir bens e serviços públicos diretamente, mas apenas regular, supervisionar e facilitar a produção e distribuição destes mesmos bens por parte de terceiros, incluindo as empresas privadas".[24]

Trata-se de um retorno da política como principal meio de reestruturação estatal, visto que a efetivada por razões econômicas não surtiram o efeito desejado. Por certo não se está afirmando que política e economia não podem conviver harmoniosa e independentemente: "pelo contrário, só reconhecendo a natureza ideologicamente motivada, historicamente contingente e politicamente contestável da esfera econômica (que inclui a própria ciência econômica) é que poderemos começar a entender as causas da actual crise e criar um novo modelo de regulação que realmente cumpra sua função".[25]

6. "'Contramovimento' realista de proteção da sociedade"[26]

Esta proposta se baseia na necessidade da adoção, pelos diferentes Estados, de "políticas de proteção socioeconômica que até há pouco tempo muitos desconheciam ou julgavam impossíveis" e leva em consideração as chamadas "mercadorias

---

21. Silva, Filipe Carreira da. *Op. cit.*, p. 32 e 33.
22. Roubini, Nouriel; Mihm, Stephen. *Op. cit.*, p. 86.
23. *Idem.*
24. Silva, Filipe Carreira da. Metamorfoses do Estado: Portugal e a Emergência do Estado Neo-Social. *In: Onde Para o Estado? Políticas Públicas em Tempos de Crise.* (Coord. João Rodrigues e Renato Miguel do Carmo). Lisboa, Portugal: Nelson de Matos, 2009, p. 29.
25. *Idem*, p. 44.
26. Karl Polanyi, citado por João Rodrigues. Onde Para o Mercado? Movimentos e Contramovimentos nas Políticas Públicas. *In:* Rodrigues, João; Carmo, Renato Miguel do. Coord. *Onde Para o Estado? Políticas Públicas em Tempos de Crise.* Lisboa, Portugal: Nelson de Matos, 2009, p. 55. O autor fundamenta algumas de suas considerações na obra *The Great Transformation* de Karl Polanyi.

fictícias – o trabalho, a natureza, a terra e o sistema monetário e financeiro".[27] A grande questão que se analisa aqui é o fato de, no passado, se ter considerado como mercadorias – e, portanto, ao sabor do mercado considerado autorregulável – realidades não passíveis de serem compradas e vendidas.

Rodrigues[28] defende a nacionalização do sistema financeiro e argumenta que a despesa e o investimento público – e o déficit consequente – são o "único meio para evitar o colapso total das economias", mas que deve-se ficar atento ao protecionismo excessivo. Muitos países desenvolvidos ou em via de desenvolvimento já utilizaram ou utilizam equilibradas medidas protetivas para a indústria como forma de assegurar "modelos de desenvolvimento econômico mais igualitários e ambientalmente mais sustentáveis".[29]

Defende, ainda, que o financiamento do déficit público deve ser assegurado pela emissão monetária e que deverão fazer parte das políticas públicas um rigoroso controle dos mecanismos de crédito "associado a nacionalizações do sistema financeiro", assim como a valorização do trabalho e do meio ambiente.[30]

7. Intervenção Estatal Ativa

Segundo Mamede,[31] as intervenções estatais devem ser direcionadas no sentido de proporcionar mais que "funções de regulação econômica e de manutenção da ordem". Como mencionado, existem restrições que seguem as determinações do consenso de Washington e devem ser mitigadas como forma de permitir o desenvolvimento dos países em geral da mesma forma utilizada por aqueles que, no passado, se beneficiaram e que hoje encontram-se no rol dos países considerados desenvolvidos. O autor menciona uma série de domínios de atuação do Estado em que esta pode ser decisiva:

- a subsidiação da educação básica e da formação técnica geral;
- o investimento em infraestruturas públicas de transportes e comunicações;
- o fomento de actividades públicas de investigação científica e de desenvolvimento tecnológico;
- o impulso à diversificação da estrutura produtiva através do apoio a investimentos em novas actividades econômicas;
- a dinamização de redes de actores públicos e privados que permitam identificar os principais constrangimentos ao investimento produtivo e coordenar acções tendo em vista a exploração de oportunidades de desenvolvimento;

---

27. *Idem*, p. 55-57.
28. *Idem*, p. 76-77.
29. *Idem*, p. 77-78.
30. *Idem*, p. 79.
31. Mamede, Ricardo Paes. *Op. cit.*, p. 191.

- o controlo directo pelo Estado de sectores produtores de bens e serviços de natureza transversal (e.g., transportes, energia, comunicações) sempre que a regulação se revele ineficaz.[32]

Mamede acredita que a implantação de tais políticas não será tarefa de fácil execução, principalmente pelos interesses privados em jogo, "os quais influenciam as políticas públicas em benefício próprio".[33] Assegura que o risco de tal poder ser usado em desacordo com o interesse público existe, mas que a implementação de "instituições que minimizem o risco de captura da intervenção pública por interesses particulares"[34] permitiria o desenvolvimento econômico coordenado pela esfera pública dos diferentes Estados que tenham por prioridade tal objetivo.

8. Investimentos Públicos e maior oferta de empregos públicos e/ou salários do funcionalismo

O professor da Fundação Getulio Vargas (FGV), George Avelino Filho,[35] sugere, para a retomada do crescimento brasileiro, investimentos públicos estratégicos com o objetivo de geração de empregos em locais onde o setor privado tem atuação mais preponderante que o setor público. Por outro lado, prepondera a atuação do setor público onde a solução seria aumentar a participação dos servidores públicos e/ou aumentar os salários dos já atuantes. Tais medidas se justificam para minorar o "choque no emprego" em função da crise, diminuindo seu reflexo no setor privado e dividir "os custos do ajuste econômico doméstico frente à nova situação"[36] por toda a população economicamente ativa.

9. Referências

ALEXANDRE, Fernando; MARTINS, Ives Gandra; ANDRADE, João Sousa; CASTRO, Paulo Rabello de; BAÇÃO, Pedro. *A Crise Financeira Internacional*. São Paulo: Lex Editora, 2009.

AVELINO FILHO, George. A crise econômica e seu impacto regional e estadual. *Boletim Cenários FGV*, abr. 2009 (26. ed. trimestral, Ano 8). Disponível em: <http://academico.direito-rio.fgv.br/ccmw/images/5/5f/A_crise_econ%C3%B4mica_e_seu_impacto_regional_e_estadual.pdf>. Acessado em: 17/07/2010.

BARBIERI, José Carlos. Políticas públicas indutoras de inovações tecnológicas ambientalmente saudáveis nas empresas. *Revista de Administração Pública Rio de Janeiro*. Fundação Getulio Vargas, 31(2):135-52, mar.-abr. 1997.

---

32. *Idem*, p. 191 e 192.
33. *Idem*, p. 192.
34. *Idem*, p. 195.
35. Avelino Filho, George. A crise econômica e seu impacto regional e estadual. *Boletim Cenários FGV*, abr. 2009 (26. ed. trimestral, Ano 8).
36. *Idem*.

BRENNER, Robert. O princípio de uma crise devastadora. *Revista "Vírus"* (Portugal). Disponível em: <http://www.nossofuturoroubado.com.br/arquivos/julho_09/principio_crise.html>. Acessado em: 17/07/2010.

BUCCI, Maria Paula Dallari (Org.). *Políticas públicas*: reflexões sobre o conceito jurídico. São Paulo: Saraiva, 2006.

GALAMBA, João. A crise actual não revela apenas as contradições do neoliberalismo. In: *Onde Para o Estado? Políticas Públicas em Tempos de Crise.* (Coordenação de João Rodrigues e Renato Miguel do Carmo). Lisboa, Portugal: Nelson de Matos, 2009.

GIOVANNI, Geraldo Di. As estruturas elementares das políticas públicas. *Caderno de Pesquisa* nº 82. Núcleo de Estudos de Políticas Públicas (NEPP) da Universidade Estadual de Campinas (Unicamp). São Paulo: 2009. Disponível em: <http://www.nepp.unicamp.br/d.php?f=117>. Acessado em: 21/07/2010.

LOBATO, Lenaura de Vasconcellos Costa. Algumas considerações sobre a representação de interesses no processo de formulação de políticas públicas. *Revista de Administração Pública Rio de Janeiro.* Fundação Getulio Vargas, v. 31, nº 1, p. 30-48, jan./fev. 1997.

MAMEDE, Ricardo Paes. Os desafios do desenvolvimento econômico e o papel das políticas públicas. In: *Onde Para o Estado? Políticas Públicas em Tempos de Crise.* (Coord. de João Rodrigues e Renato Miguel do Carmo). Lisboa, Portugal: Nelson de Matos, 2009.

MONTEIRO, Jorge Vianna. *Rent seeking* em tempos de crise. *Revista de Administração Pública.* Rio de Janeiro: Fundação Getulio Vargas, v. 43, nº 1, jan./fev. 2009.

NAIM, Moisés. Ascensão e Queda do Consenso de Washington. O Consenso de Washington ou a Confusão de Washington? *Revista Brasileira de Comércio Exterior* (RBCE). Disponível em: <http://www.funcex.com.br/bases/64-Consenso%20de%20Wash-MN.PDF>. Acessado em: 21/07/2010.

OLIVEIRA, José Antônio Puppim de. Desafios do planejamento em políticas públicas: diferentes visões e práticas. *Revista de Administração Pública Rio de Janeiro.* Fundação Getulio Vargas, v. 40, nº 2, p. 273-288, mar./abr. 2006.

RODRIGUES, João; CARMO, Renato Miguel do. *Onde Para o Estado? Políticas Públicas em Tempos de Crise.* Lisboa, Portugal: Nelson de Matos, 2009.

ROGOFF, Kenneth S.; REINHART, Carmen. *Oito séculos de delírios financeiros: desta vez é diferente.* Rio de Janeiro: Elsevier, 2010.

ROUBINI, Nouriel; MIHM, Stephen. *A economia das crises*: um curso-relâmpago sobre o futuro do sistema financeiro internacional. Rio de Janeiro: Intrínseca, 2010.

SARAVIA, Enrique J.; FERRAREZI, Elisabete Roseli (Org.). *Políticas públicas:* coletânea. Brasília: Enap, 2006.

SILVA, Filipe Carreira da. Metamorfoses do Estado: Portugal e a Emergência do Estado Neo-Social. In: *Onde Para o Estado? Políticas Públicas em Tempos de Crise.* Coordenação de João Rodrigues e Renato Miguel do Carmo. Lisboa, Portugal: Nelson de Matos, 2009.

5

Causas e Efeitos da Crise de 2008

WELLINGTON BECKMAN SARAIVA

1. Introdução; 2. A crise de 2008; 3. Impacto no Brasil; 4. Considerações finais

1. Introdução

A crise da economia, dita "crise de 2008", tem como o epicentro de suas causas o processo de deterioração do mercado bancário nos EUA, cujo marco de seu ápice é a quebra do Lehman Brothers em setembro daquele ano, esta que induziu à queda do índice Dow Jones da Bolsa de Nova York em mais de 500 pontos em um único dia, fato somente visto antes na crise de 1929.

O estopim do problema econômico que se alastrou pelo mundo foram os famosos *subprimes*, os títulos hipotecários podres que perderam valor e não puderam ser resgatados, em razão do inadimplemento recorde, o que levou muitos bancos importantes a uma crise de liquidez e, consequentemente, derrubaram todo o mercado financeiro americano, sendo certo que os efeitos na forma de onda deste terremoto financeiro fez-se sentir em todo o mundo capitalista.

Os Estados Unidos enfrentaram a crise bancária, com raízes nas instituições de poupança e empréstimo no começo de 1984, embora relativamente branda, em comparação com as décadas de 1930 e 2000.

Em 2007, a crise do *subprime* veio com muita intensidade e, por consequência, transformou-se em crise financeira global; ela tem sua gênese na bolha do mercado imobiliário e foi corroborada pelos aumentos constantes dos preços das moradias e pela entrada maciça de capital estrangeiro barato, resultante de déficits recordes na balança comercial.

No auge da bolha, os preços das moradias alcançaram a marca histórica de mais de 12%, o que significa seis vezes a taxa de aumento do PIB real *per capita* naquele ano.

Ainda no verão de 2007, inesperadamente houve um congelamento dos resgates em fundos feitos pelo banco BNP, que de acordo com o banco, a avaliação dos valores dos investimentos que eram ligados às hipotecas de risco era difícil de ser mensurada.

Após o congelamento dos resgates em fundos do banco BNP, outras empresas tomaram a mesma atitude. Isso fez com que muitos dos investidores entrassem em pânico. Com a concordata da AHM, a crise só piorou, uma vez que tal empresa era a maior no mercado de hipotecas dos Estados Unidos.

O núcleo de crédito imobiliário foi o primeiro a ser atingido pela crise. Várias empresas do ramo tiveram de pedir concordata ou foram compradas por outras empresas ou bancos, que também passaram a sofrer por conta da crise. Com a concordata do Lehman Brothers, fundado em 1850 e considerado um dos mais importantes bancos dos EUA, a crise se agravou ainda mais.

A partir daí, bancos como o Citigroup, Wells Fargo e o Bank of America, deram sinal em relação às consequências da crise econômica. Então, todos os setores da economia foram afetados e o PIB americano teve seu pior desempenho desde 1982 – 3,8% no último trimestre de 2008.

2. A crise de 2008

Portanto, em linhas gerais, identificada a causa da crise, para a percepção dos seus efeitos como crise de liquidez, deve-se considerar o lastro da economia moderna que se divide em duas economias convivendo no mercado capitalista: (i) a economia virtual, representada pelos capitais que circulam entre os diversos mercados financeiros, principalmente especulativos; e (ii) a economia real, que é aquela que se desenvolve com a) as empresas produzindo, recebendo e pagando suas contas; b) os trabalhadores executando suas tarefas, consumindo, pagando impostos; c) os produtores rurais, plantando, colhendo e vendendo sua produção etc.

Assim, a interligação entre a economia real e o mundo financeiro está justamente na concessão de crédito, necessário para a sobrevivência das empresas (em relação à liquidez do fluxo de caixa e dos investimentos), dos consumidores para acesso a compras que só são possíveis em longo prazo (aquisição dos bens duráveis, tais como casa, carro e eletrodomésticos) e o setor primário para custeio, investimento e comercialização de safras.

Ou seja, o mercado financeiro capta as poupanças internas que se consubstanciam nas reservas das empresas e das pessoas naturais que voltam ao mercado na forma de concessão de crédito, para financiar a liquidez das empresas que precisam vender a prazo como forma de ampliar o mercado e fazer frente aos compromissos imediatos e, a curto prazo, precisam financiar a liquidez corrente para os pagamentos de salários, de matérias-primas, de fornecedores, de insumos etc., que, via de regra, tem prazo de maturação anterior aos recebíveis. Ou melhor, os compromissos têm que ser quitados antes de receber os frutos da venda, daí a importância do acesso ao crédito para as empresas.

Por sua vez, em face da "crise" no sistema financeiro americano em que algumas instituições financeiras quebraram por falta de liquidez, originária da grande inadimplência dos seus devedores, o reflexo imediato para o crédito, que é sinônimo de "confiança", foi que o mercado como um todo englobando os outros bancos atingidos em maior ou menor grau pela onda de choque passou a restringir a concessão dos créditos e foram impostas regras mais rígidas para a concessão de crédito (confiança), sendo exigidas maiores garantias e elevadas as taxas de juros e, portanto, praticamente inviabilizando a operação.

Outro fato que contribuiu com o efeito da "crise de confiança" e com o cenário de redução nas linhas de crédito foi que os poupadores passaram a mudar ou retirar suas carteiras e fugiram para a compra de dólar e ouro que são ativos reais e, assim, com menos poupança disponível, os bancos dispuseram de menos recursos para repassar via créditos.

Em outubro de 2008, um pacote de ajuda no valor de US$ 700 bilhões foi aprovado pelo governo americano com o intuito de ajudar os bancos afetados com os derivativos lastreados nas hipotecas *subprime*. Além de tais bancos, outros nem tão afetados também foram incluídos no pacote de ajuda do governo americano. E mais, empresas de créditos, montadoras de automóveis, entre outros também se beneficiaram de tal ajuda.

Por conta da enorme importância na economia mundial, as montadoras de automóveis receberam uma atenção especial. Foram destinados à General Motors (GM) e à Chrysler mais de US$ 17 bilhões para continuar em operação e evitar a demissão de milhares empregados, em empregos diretos e indiretos. Apesar da preocupação do país com o desemprego, houve um aumento considerável deste em todo o país, que apresentou a pior taxa desde 1993 – 7,2%.

Além do pacote de ajuda no valor de US$ 700 bilhões para ajudar os bancos afetados no país, um novo pacote de ajuda de mais de US$ 800 bilhões foi destinado para obras de infraestrutura e geração de três milhões de empregos.

O Presidente Barack Obama apontou que a crise poderia demorar anos; analistas previriam que a recuperação econômica poderia dar sinais no final de 2009 ou em meados de 2010. Alguns especialistas mais céticos apontam que esta crise pode gerar numa nova depressão econômica que pode ser igual ou ainda pior que a dos anos 1930.

Por todo o exposto até o presente, podemos concluir em primeira análise que essa crise em comparação com outras crises ocorridas após a Segunda Guerra Mundial, é bem diferente sob vários aspectos, principalmente quanto à virulência com que a recessão se propagou pelo mundo.

A crise rapidamente contaminou empresas de pequeno e médio porte em todo o mundo, e em razão da parada repentina nas finanças mundiais, empresas de grande porte só conseguiram financiamento a custos muito mais elevados do que conseguiam anteriormente. Os mercados emergentes também sentiram a crise e vivem tensos, mesmo que a partir de meados de 2009, os *spreads* sobre créditos soberanos, já estivessem muitos mais afinados em razão do apoio de países ricos ao FMI.

3. Impacto no Brasil

Em relação ao Brasil, vários especialistas fizeram previsões, algumas catastróficas outras nem tanto, como a que se apresenta postada no *blog* de Luis Nassif, transcrito artigo de autoria de David Kupfer, escrito para o jornal *O Valor*: "para o Brasil, a redução do ritmo de expansão da economia mundial deverá significar um importante ajuste no desempenho das exportações". No caso dos bens *commodities*, é certo que o recuo das quantidades demandadas e, principalmente, dos seus preços no mercado internacional, será duradouro.

> No entanto, cabe relativizar, primeiramente, a queda dos preços, pois as cotações estavam infladas por um componente especulativo consequente da própria **financeirização** experimentada por esses mercados no período final da bolha. Segundo, a redução das quantidades vai se abater de forma muito assimétrica entre as empresas, considerando-se o caráter tipicamente oligopólico da organização industrial predominante nesses mercados: as empresas mais competitivas em custos, que conseguem estabelecer contratos de fornecimento mais vantajosos, sentirão menos. E esse é o caso de diversas empresas brasileiras em setores de mineração, metais, celulose, agronegócios e outros.
>
> Mas não é só de *commodities* que vive a economia brasileira. E ainda bem, pois é justo a diversificação da indústria nacional que permite descortinar horizontes mais favoráveis para os anos vindouros. Com a provável estabilização do câmbio em níveis menos valorizados, haverá mais possibilidades para a indústria tradicional recuperar parte da competitividade perdida, enquanto projetos de produção de bens de maior conteúdo tecnológico voltados para o mercado interno também tendem a ganhar maior viabilidade.[1]

---

1. Disponível em: <http://democraciapolitica.blogspot.com/2008/10/o-brasil-ps-crise.html>.

4. Considerações finais

Portanto, tudo indica que, no mundo pós-crise, a principal transformação que deve ser introduzida na política econômica brasileira é uma mudança de orientação em direção a uma maior ênfase na dimensão fiscal.

A tônica da política fiscal, por sua vez, não deve ser nem anticíclica nem pró-cíclica, nos termos da falsa dicotomia que já se estabeleceu no debate sobre o tema, simplesmente porque ela é importante demais para ser engessada por visões ideológicas do funcionamento da economia.

> A política fiscal deve ser pragmática e mirar o longo prazo, buscando garantir acima de tudo as condições adequadas para que o esforço de formação de capital fixo, público e privado, que se encontra em andamento na economia brasileira, não seja abortado pelas maiores incertezas esperadas para os próximos anos. Quando a crise de 1929 eclodiu, o Brasil era uma pequena economia primário-exportadora, quase que totalmente dependente do café. A falta de alternativa diante da devastação provocada pela crise no mercado internacional proporcionou a adoção de um modelo econômico novo, baseado na substituição de importações, que, para o bem ou para o mal, colocou o país na rota do desenvolvimento. A atual crise não é da mesma linhagem, nem o país é mais uma economia monoprodutora, mas está nas mãos dos formuladores da política econômica a chance de aproveitar a ruptura da ordem econômica internacional para tirar o país da armadilha do juro alto e do câmbio baixo criada pela atual política macroeconômica de estabilização e abrir espaço para um novo modelo de desenvolvimento.[2]

Enfim, neste diapasão, no Brasil, assim que a crise foi se espraiando pelo mundo, nosso Presidente afirmou que por aqui seus efeitos não passariam de uma "marolinha", o que a imprensa especializada correu para censurar em massa, mas, passado o tempo, depois de várias medidas governamentais para a ativação da economia, tais como desonerações em segmentos de consumo de massa e de emprego de mão de obra intensiva, o resultado foi atestado no início deste ano, pelo *Le Monde* que, de fato no Brasil, os efeitos da crise não passaram de uma marolinha. E o País deve crescer seu PIB em 2010 quase em proporção chinesa, em torno de 7%, conforme o próprio mercado financeiro tem dito.

---

2. Disponível em: <http://democraciapolitica.blogspot.com/2008/10/o-brasil-ps-crise.html>.

PARTE II

REGULAÇÃO E CONCORRÊNCIA NO SISTEMA FINANCEIRO NACIONAL

1

O Banco Central do Brasil

KATIA REGINA TINOCO RIBEIRO DE CASTRO

1. Definição e história do Banco Central; 2. O BACEN após a Constituição de 1988; 3. Política Monetária; 4. O BACEN e a inflação; 5. Referências

1. Definição e história do Banco Central

O Banco Central é autarquia federal constituída com recursos próprios, que integra o sistema financeiro nacional. Ele está ligado ao Ministério da Fazenda do Brasil e é a autoridade monetária principal do País. É uma entidade autônoma, descentralizada, que auxilia a administração pública e se sujeita à fiscalização e à tutela do Estado.

A criação do Banco Central do Brasil (BACEN) ocorreu em 31 de dezembro de 1964 com o Decreto-Lei nº 4.595. A iniciativa do Brasil na criação de seu banco central foi tardia, realizada há apenas 46 anos. O primeiro país a adotar a instituição foi a Inglaterra, em 1694. Os principais objetivos dessa criação foram os seguintes: (i) zelar pela adequada liquidez da economia; (ii) manter as reservas internacionais do País, em nível adequado; (iii) estimular a formação de poupança em níveis adequados às necessidades de investimento do País; e (iv) zelar pela estabilidade e promover o permanente aperfeiçoamento do Sistema Financeiro Nacional.

Antes da criação do BACEN, era da Superintendência da Moeda e do Crédito (Sumoc), criada em 1945, a responsabilidade de autoridade monetária do país. A superintendência tinha funções de supervisionar a atuação dos bancos comerciais, nortear a política cambial[1] e era a representante

---
1. Política cambial é um conjunto de ações do Governo para controlar as operações de câmbio equilibrando o valor da moeda com a finalidade de manter o poder de compra do país em relação aos outros com quem mantenha operações financeiras.

do Brasil junto a organizações internacionais. Além disso, era função da Sumoc fixar as alíquotas das reservas obrigatórias dos bancos comerciais e os juros sobre os depósitos bancários.

Já o Banco do Brasil exercia função de banco do governo, controlando as operações do comércio exterior, recebimento dos depósitos compulsórios[2] e voluntários dos bancos comerciais, assim como a execução das operações de câmbio de empresas públicas e do Tesouro Nacional. E era do Tesouro Nacional a função de emitir papel-moeda.

Não foi um processo de fácil aceitação e houve resistência para a concepção do Banco Central, afinal eram muitos os interesses contrários à sua criação. Para Dênio Nogueira,[3] o Congresso Nacional era pressionado pelo setor industrial para a concepção, mas tinha como opositores o próprio governo e os funcionários do banco, que tinham medo de perder seus empregos e também o prestígio que possuíam por fazer carreira dentro do banco. Muitos funcionários seguindo carreira seriam assessores de ministro e até mesmo ministros, e os interesses do Banco do Brasil estavam voltados para o setor industrial, o setor rural e para aos bancos privados.

Diante de tantas oposições, o Banco Central foi criado em etapas: a primeira foi a criação da Sumoc (20 anos antes). Mesmo assim, a política econômica ainda era de responsabilidade da Sumoc, do Banco do Brasil e do Tesouro. Somente depois da década de 1950, a Sumoc passou a exercer funções efetivas de um banco central. A superintendência ficou responsável pela fixação dos juros do redesconto[4] e do percentual dos depósitos compulsórios dos bancos, assim como pela fiscalização dos bancos comerciais e do registro de capitais estrangeiros. Por fim, estava sob sua responsabilidade a política cambial e do mercado aberto. Segundo Gentil Corazza,[5] após a criação do BACEN a estrutura das autoridades monetárias ficou dividida da seguinte forma:

a) A emissão de moeda ficou sob a responsabilidade do Bacen.
b) As operações de crédito ao Tesouro só poderiam ser feitas pelo Bacen, com a aquisição de títulos emitidos pelo Tesouro.
c) A Carteira de Redesconto (Cared) e a Carteira de Mobilização Bancária (Camob) foram abolidas e seus valores líquidos incorporados ao Bacen.

---

2. Depósitos compulsórios são reservas bancárias feitas sob forma de depósito, que os bancos têm de fazer no Banco Central, o valor é sempre um percentual sobre os depósitos feitos à vista nos bancos comerciais.
3. Nogueira, Dênio (1994). *Depoimento*: Memória do Banco Central. Programa de História Oral do CPDOC/FGV. Banco Central do Brasil, Brasília.
4. Redesconto ou assistência financeira de liquidez é o mecanismo que o Bacen utiliza para socorrer instituições financeiras com dificuldade de liquidez; de uma forma mais clara então, redesconto é o empréstimo que o Bacen faz aos bancos comerciais para cobrir eventuais problemas de liquidez. É claro que para essas operações são cobradas taxas que recebem o nome de redesconto.
5. Corazza, Gentil. *O Banco Central do Brasil*: evolução histórica e institucional (2006). Disponível em: <http://www.perspectivaeconomica.unisinos.br/pdfs/48.pdf>. Acessado em: 18/07/2010.

d) O controle e a execução das operações de câmbio passaram do Banco do Brasil para o Bacen.
e) Criou-se o Conselho Monetário Nacional (CMN) para substituir o Conselho da Sumoc, agora com nove membros, dos quais apenas um pertencente ao Banco do Brasil.
f) O Banco do Brasil permaneceu como agente financeiro do Governo, mas sem o privilégio de fornecer crédito ao mesmo.
g) O BACEN ficou com a responsabilidade de delegar ao Banco do Brasil a função de guardar as reservas voluntárias dos bancos e de efetuar a compensação de cheques.
h) A Caixa de Amortização do Tesouro foi abolida e a função de emitir tornou-se privilégio do Banco Central.

Em 1985 ocorreu um reordenamento das funções das autoridades financeiras no país e foram separadas as funções do Banco Central, Banco do Brasil e Tesouro Nacional. No ano seguinte, o provimento dos recursos do Banco Central ao Banco do Brasil passou a ser identificado no orçamento das duas instituições, deixando de existir os empréstimos automáticos que acabavam prejudicando o desempenho do BACEN. Com a criação do Orçamento das Operações de Crédito, que integrava o Orçamento Geral da União (OGU), o BACEN perdeu a função de apoiador, pois não podia mais adiantar recursos oficiais de crédito.

Até a promulgação da Constituição Federal de 1988, o BACEN dividia as suas funções com o Banco do Brasil, e só depois se tornou autoridade exclusiva monetária do país. A Constituição estabeleceu que não fosse mais função do BACEN conceder empréstimos para o Tesouro Nacional e estabeleceu, também, a necessidade de se elaborar Lei Complementar do Sistema Financeiro Nacional, substituindo a Lei nº 4.595/1965 (que determinou a criação do BACEN) com atribuições e estrutura do Banco Central do Brasil.

2. O BACEN após a Constituição de 1988

Depois da promulgação da Constituição Federal de 1988 ficaram bem definidas as funções do Banco Central do Brasil. A função principal de um banco central é administrar a política econômica do país, assim como garantir a estabilidade e o poder de compra da moeda, definindo também as taxas de juros e câmbio e regulamentando o sistema financeiro. Hoje podemos relacionar suas competências como sendo as seguintes: (i) a emissão de dinheiro, seja em papel ou em moeda metálica; (ii) efetivação dos serviços de meio circulante;[6] (iii) recolhimentos compulsórios dos

---

6. O conjunto de cédulas e moedas com poder liberatório (inclusive comemorativas) de posse do público e dos bancos.

bancos comerciais; (iv) cumprir operações de redesconto e empréstimos de assistências à liquidez às instituições financeiras;[7] (v) ajustar a execução dos serviços de compensação dos cheques e dos outros papéis; (vi) executar operações de compra e venda de títulos públicos federais (política monetária); (vii) autorizar, normatizar, fiscalizar e intervir nas instituições financeiras; e (viii) controlar o fluxo dos capitais estrangeiros, garantindo o correto funcionamento do mercado cambial.

Cabe também ao Banco Central acompanhar as práticas adotadas pelos participantes do mercado com estudos e análises sobre o comportamento e as tendências dos segmentos livres e flutuantes, assim como monitorar as operações de câmbio do país para impedir acordos irregulares, orientando a atuação dos agentes de mercado. Outras competências atribuídas ao BACEN são conduzir os processos administrativos instaurados contra pessoa física e jurídica que praticaram desvios em operações de câmbio e aprimorar as normas do mercado de câmbio e revisar constantemente as matérias já regulamentadas para assegurar a adequação e a modernidade das práticas adotadas pelas intuições que operam no mercado.

Quanto à independência, formalmente o Banco Central do Brasil é hoje considerado como dependente, pois é subordinado ao Conselho Monetário do Brasil. Entretanto, quanto ao seu exercício, a atuação do BACEN é considerada independente. Para ser totalmente independente, contudo, a instituição precisaria se eximir do financiamento do **déficit** público e ser isolada de todo tipo de pressões políticas.

3. Política Monetária

Entre as funções do Banco Central estão formulação, execução e acompanhamento da política monetária. A função da política monetária é controlar a ampliação da moeda, do crédito e das taxas de juros, ajustando conforme as necessidades de crescimento econômico e estabilidade dos preços, atuando diretamente sobre o controle da quantidade de dinheiro no mercado, cujo objetivo é defender o poder de compra da moeda e, para isso, agir restringindo ou expandindo o dinheiro em circulação.

Quando se trata de política restritiva, a função é reduzir o crescimento da moeda e aumentar as taxas de juros dos empréstimos. Nessa situação, o Banco Central recolhe a parcela dos depósitos recebidos do público pelos bancos comerciais, vende os títulos públicos que são usados no lugar da moeda, reduzindo, assim, a liquidez e, ainda, empresta dinheiro aos bancos comerciais, com prazo reduzido para pagamento. Isso permite uma taxa de juros maior pelo empréstimo.

---

7. Em conformidade com ordenamento jurídico de nosso país, instituições financeiras são as pessoas jurídicas, públicas ou privadas, que exerçam como atividade principal ou acessória a coleta, a intermediação ou a aplicação de recursos financeiros próprios ou de terceiros, em moeda nacional ou estrangeira, e a custódia de valor de propriedade de terceiros.

Já no caso de política monetária expansiva, o Banco Central tem a função de aumentar a quantidade de moeda comprando títulos públicos. O BACEN diminui a taxa de juros que recolhe ao emprestar dinheiro aos bancos comerciais e aumenta o prazo de pagamento desses empréstimos, e também diminui o valor que toma de custódia dos bancos comerciais.

A política cambial exercida pelo Banco Central para relações financeiras com o setor internacional é na regulação dos fluxos cambiais relativos ao comércio exterior e aos capitais estrangeiros. O mercado de câmbio abrange dois segmentos – o comercial e o flutuante. Flutuante é o câmbio relacionado ao turismo, investimento feito por brasileiro no exterior, operações com cartões de crédito internacional, operações com ouro e transferências de patrimônios, heranças etc. Entre esses dois segmentos de oferta e procura, estão os bancos que operam o câmbio e fazem essa intermediação da moeda estrangeira com seus clientes.

A função do Banco Central é manter a estabilidade relativa da taxa de câmbio podendo suprir eventuais necessidades ou adquirir os excedentes causados. O Banco Central interfere no mercado de câmbio realizando leilões de compra e venda de moedas estrangeiras com interferência obrigatória dos *dealers*[8] e o faz por meio do crédito ou débito na conta de reservas bancárias da instituição, que vendeu ou comprou as divisas.

A função é dar liquidez ao mercado interbancário e aos clientes finais das operações de crédito. Em relação ao ouro, o Banco Central busca o equilíbrio entre os preços internacionais e nacionais, evitando que a grande diferença de preços favoreça o desvio do ouro brasileiro.

O Banco Central é também o órgão de ligação entre o governo brasileiro e organismos internacionais, atuando como membro subscritor de capital e tomador de empréstimo. O BACEN atua nessa função junto a órgãos internacionais como o FMI, o Banco Mundial e a OMC.

No Mercosul, o Banco Central atua como órgão executivo coordenando os trabalhos dos subgrupos técnicos. Quanto à dívida externa, o BACEN é quem coordena o processo de negociação e implementação dos acordos de reestruturação da dívida externa.

4. O BACEN e a inflação

Na história recente da economia brasileira, uma das funções mais importantes do BACEN é o controle da inflação. Na definição de Bueno:[9] "A inflação não é

---

[8]. *Dealer* é uma instituição financeira selecionada pelo Banco Central que faz a gestão dos títulos ou das moedas por iniciativa própria, auferindo uma comissão sobre o montante da transação.
[9]. Bueno, Ricardo. *Porque os preços sobem no Brasil:* uma explicação para o povo. 8. ed. Editora Vozes, 1979. *Apud* Benadiba, Moses. *Moeda constante.* Site da Faculdade Metodista. (1998). Disponível em:

nenhum mal misterioso, com causas inexplicáveis... é uma elevação contínua dos preços". Já para Sandroni:[10] "A inflação é o aumento persistente dos preços em geral, de que resulta uma contínua perda do poder aquisitivo da moeda". A causa é um aumento da procura sobre a oferta, provocando gasto superior ao ganho, ocasionando a insuficiência da moeda.

A inflação é calculada mês a mês pelos índices de custo de vida, que nada mais são do que os preços que a pessoa física (consumidor) paga quando faz suas compras nos supermercados ou nas lojas, seu calculo é feito por órgãos específicos do Governo, como o Departamento Intersindical de Estatística e Estudos Socioeconômicos (Dieese).

Moses Benadiba[11] afirma que para controlar a inflação são necessários dois fatores: (i) elevar a procura agregada para um nível igual ao valor da oferta adicionada, utilizando-se a política fiscal e salarial, mantendo assim, o equilíbrio entre a procura do crédito e a oferta da poupança; e (ii) manter a quantidade de moeda em circulação igual à procura agregada do caixa, aplicando-se as políticas monetárias e do crédito, equilibrando, assim, o volume agregado do crédito bancário.

A taxa de juros é o principal controle de que o BACEN se utiliza para controle da inflação, pois quanto maior é a taxa de juros, menos dinheiro circula no mercado, o que diminui a capacidade de compra da população. Logo a inflação não sobe. Sem deixar de mencionar o controle da emissão do papel moeda.

5. Referências

BENADIBA, Moses. *Moeda constante*. (1998). Disponível em: <http://www.metodista.br/ppc/revista-ecco/revista-ecco-01/moeda-constante>. Acessado em: 20/07/2010.

CORAZZA, Gentil. *O Banco Central do Brasil*: evolução histórica e institucional. (2006) Disponível em <http://www.perspectivaeconomica.unisinos.br/pdfs/48.pdf>. Acessado em: 18/07/2010.

NOGUEIRA, Dênio. *Depoimento*: Memória do Banco Central. Programa de História Oral do CPDOC/FGV. Banco Central do Brasil, Brasília, 1994.

SANDRONI, Paulo. *Novíssimo Dicionário de Economia*. 5. ed. Rio de Janeiro: Editora Best Seller, 2000.

<http://www.metodista.br/ppc/revista-ecco/revista-ecco-01/moeda-constante>. Acessado em: 20/07/2010.
10. Sandroni, Paulo. *Novíssimo Dicionário de Economia*. 5. ed., Rio de Janeiro: Editora Best Seller, 2000
11. *Op. cit.*

2

Fundamentos constitucionais da livre concorrência no setor bancário

BEATRIZ CASTILHO COSTA

1. Setor bancário brasileiro; 2. Fundamentos do direito da concorrência; 3. Setor bancário e livre concorrência; 4. Considerações finais; 5. Referências

1. Setor bancário brasileiro

A Lei nº 4.595, de 31 de dezembro de 1964, que dispõe sobre a política e as instituições monetárias, bancárias e creditícias, cria o Conselho Monetário Nacional e dá outras providências, recepcionada como lei complementar pela Constituição da República de 1988, define as instituições financeiras nos seguintes termos:

> *Art. 17. Consideram-se instituições financeiras, para os efeitos da legislação em vigor, as pessoas jurídicas públicas ou privadas, que tenham como atividade principal ou acessória a coleta, intermediação ou aplicação de recursos financeiros próprios ou de terceiros, em moeda nacional ou estrangeira, e a custódia de valor de propriedade de terceiros.*
> *Parágrafo único. Para os efeitos desta lei e da legislação em vigor, equiparam-se às instituições financeiras as pessoas físicas que exerçam qualquer das atividades referidas neste artigo, de forma permanente ou eventual.*

Já sob a égide da Constituição, a ordem social foi dissociada da ordem financeira e econômica. Em seu art. 192, alterado pela Emenda Constitucional nº 40/2003, dispõe que o sistema financeiro foi:

> *(...) estruturado de forma a promover o desenvolvimento equilibrado do País e a servir aos interesses da coletividade, em todas as partes que o compõem, abrangendo as cooperativas de crédito, será regulado por leis complementares que disporão, inclusive, sobre a participação do capital estrangeiro nas instituições que o integram.*

A atividade financeira pode ser exercida tanto pelo setor público quanto pelo setor privado. A atividade financeira pública está intimamente ligada à emissão de moeda. Assim, cabe ao Estado definir e executar a política econômica do país, bem como sua política monetária. Já a atividade financeira privada é o exercício profissional de uma atividade econômica voltada à produção de lucro, sendo sua maior característica tratar de uma atividade-meio, ligada às políticas públicas e a sua execução.

Aqui, cumpre destacar a diferença entre os intermediários financeiros e as instituições auxiliares. De acordo com os ensinamentos de Eduardo Fortuna,[1] os primeiros emitem seus próprios passivos, aplicando os recursos obtidos, mediante empréstimos e financiamentos, enquanto as segundas colocam investidores em contato com poupadores, facilitando a sua comunicação e acesso.

Importante destacar também a distinção entre instituição financeira bancária e instituição financeira não bancária, qual seja, a primeira tem por objeto principal a captação e repasse de crédito, sem possuir, contudo, preponderância de uma atividade específica.

A atividade bancária no Brasil é fortemente regulada pelo Estado. As razões para tal regulação, de acordo com Jairo Saddi, citado por Fernanda Uchôa Costa, em dissertação sobre o tema,[2] são:

> a) do ponto de vista do consumidor (e cidadão), protegê-lo do risco desmedido, já que os efeitos de qualquer crise bancária se alastram por toda a economia e afetam gravemente a sociedade; b) do ponto de vista sistêmico, garantir a eficiência, higidez e solidez do sistema, mediante redução de custos de transação e informação, ao aumentar a transparência nas operações bancárias; c) do ponto de vista concorrencial, garantir que não haverá competição predatória ou monopolística e que, na atividade bancária, todos serão tratados igualmente.

Saliente-se, ainda, que indissociavelmente ligada ao sistema bancário está a ideia de risco, pressupondo estes dois fatores complementares: um primeiro evento que gera

---

1. Fortuna, 2005 apud Costa, Fernanda Uchôa. *A defesa da concorrência no setor bancário*. 2006. 180 f. Dissertação (Mestrado em Direito Empresarial) – Faculdade de Direito Milton Campos, Nova Lima, 2006.
2. Sadi, Jairo. *Crise e regulação bancária*. São Paulo: Textonovo, 1999 apud Costa, Fernanda Uchôa. *A defesa da concorrência no setor bancário*. 2006. 180 f. Dissertação (Mestrado em Direito Empresarial) – Faculdade de Direito Milton Campos, Nova Lima, 2006.

o risco (decisão) e um segundo que é sua consequência (perda). O maior problema dos bancos, neste sentido, é o risco de liquidez. Tal fato ocorre porque "as responsabilidades dos bancos excedem as suas reservas, e essas mesmas responsabilidades são mais líquidas e mais facilmente conversíveis em dinheiro do que seus ativos, o que sujeita os bancos a problemas de liquidez".[3]

2. Fundamentos do direito da concorrência

A concorrência decorre de um jogo de interesses recíprocos, no qual os agentes do mercado se lançam a compra e venda, de modo a alcançar os seus objetivos, sem, entretanto, ferir os objetivos dos outros competidores. Há, aqui, plena liberdade de atuação para compradores e vendedores.

O mercado competitivo, em regime de livre concorrência, pode, então, ser caracterizado "pelo grande número de vendedores, agindo de modo autônomo, oferecendo produtos, em mercado bem organizado".[4] Em outras palavras, os compradores possuem variedade de oferta de produtos, tendo grande poder de escolha, uma vez que, quanto maior o número de concorrentes, menor será o preço de tais produtos. Neste sentido, o objetivo da defesa da concorrência é maximizar o bem-estar social.

No plano infraconstitucional, a lei mais importante a respeito do tema é a Lei nº 8.884, de 11 de junho de 1994, que transforma o Conselho Administrativo de Defesa Econômica (CADE) em autarquia, dispõe sobre a prevenção e a repressão às infrações de ordem econômica e dá outras providências. São submetidos a tal autarquia, de acordo com o art. 54, "*os atos, de qualquer forma manifestados, que possam prejudicar a livre concorrência ou resultar na dominação de mercado relevante de bens e serviços*".

Neste ponto, cabe lembrar a importância do conceito de mercado relevante. Mário Luiz Possas,[5] em artigo sobre o tema, traz definição feita pelas *Merger Guidelines* do Departamento de Justiça dos Estados Unidos, segundo as quais:

> Um mercado é definido como um produto ou um grupo de produtos e uma área geográfica na qual ele é produzido ou vendido tal que uma hipotética firma maximizadora de lucros, não sujeita a regulação de preços, que seja o único produtor ou vendedor, presente ou futuro, daqueles produtos naquela área, poderia provavelmente impor pelo menos um pequeno mas significativo e não transitório

---

3. Costa, Fernanda Uchôa. *A defesa da concorrência no setor bancário*. 2006. 180 f. Dissertação (Mestrado em Direito Empresarial) – Faculdade de Direito Milton Campos, Nova Lima, 2006.
4. *Idem*.
5. *Horizontal Merger Guidelines*, U.S.Department of Justice & Federal Trade Commission (1992) *apud* Possas, Mário Luiz. Os conceitos de mercado relevante e de poder de mercado. *In*: *Ensaios sobre economia e direito da concorrência*. São Paulo: Singular, 2002.

aumento no preço, supondo que as condições de venda de todos os outros produtos se mantêm constantes. Um mercado relevante é um grupo de produtos e uma área geográfica que não excedem o necessário para satisfazer tal teste.

Em outras palavras, estaremos diante de um mercado relevante se, dado um pequeno aumento de preços significativo e duradouro, os seus consumidores não estivessem dispostos a substituí-lo por outro produto ou por um fornecedor de outro lugar. Definindo-se, assim, de forma esquemática o mercado relevante de produto e o mercado relevante geográfico, respectivamente.

O conceito de mercado relevante é importante, no direito da concorrência, para delimitar quando ocorrem as infrações à ordem econômica e as condutas anticompetitivas, analisadas sempre em relação ao impacto produzido sobre o respectivo mercado relevante. A Lei nº 8.884/1994 traz, em seu art. 20, as condutas que constituem infrações.

> *Art. 20. Constituem infração da ordem econômica, independentemente de culpa, os atos sob qualquer forma manifestados, que tenham por objeto ou possam produzir os seguintes efeitos, ainda que não sejam alcançados:*
> *I – limitar, falsear ou de qualquer forma prejudicar a livre concorrência ou a livre iniciativa;*
> *II – dominar mercado relevante de bens ou serviços;*
> *III – aumentar arbitrariamente os lucros;*
> *IV – exercer de forma abusiva posição dominante.*

No que diz respeito ao citado aspecto, é imprescindível ter em mente quais são os objetivos da defesa da concorrência, sendo estes a garantia das condições de competição, "preservando e/ou estimulando a formação de ambientes competitivos com vistas a **induzir**, se possível, **maior eficiência** econômica como resultado do funcionamento dos mercados",[6] lembrando-se, sempre, que a livre concorrência é meio e não fim em si mesmo, uma vez que "o fim da ordem econômica é o bem de todos".[7]

3. Setor bancário e livre concorrência

No setor bancário, devido ao seu objeto ser mais sensível, por estarem a ele ligados todos os setores da economia, e pela necessidade de se imprimir solidez, transparência e segurança ao sistema, a defesa da concorrência é mais rigorosa.

---

6. Possas, Mário; Mello, Maria Tereza. Direito e economia na análise de condutas anticompetitivas. *In*: *Ensaios sobre economia e direito da concorrência*. São Paulo: Singular, 2002. p. 136.
7. Idem. Ibidem.

No Brasil, a regulação é exercida pelo Conselho Monetário Nacional e pelo Banco Central do Brasil (BACEN).

O desenho institucional existente entre as agências de regulação e as autoridades de defesa da concorrência depende do quadro político existente no país, variando, ainda, conforme a fase de desenvolvimento em que este se encontra e a opção política feita pelo legislador. Gesner Oliveira[8] distingue três funções, sendo elas a) regulação técnica, através do estabelecimento de normas, padrões e metas a serem adotados pelos agentes privados de um setor regulado; b) regulação econômica, mediante o estabelecimento de condições de preços, tarifas e quantidades a serem observadas pelos agentes privados no fornecimento de bens e serviços regulados; e c) lei de concorrência, sendo esta a principal peça legal do ordenamento jurídico do país que disciplina a livre concorrência. A escolha de tal configuração é um processo complexo, que envolve diversos fatores. De acordo com o autor, são cinco os fatores relevantes envolvidos nessa escolha:[9]

> 1. Flexibilidade institucional: o elevado ritmo de mudança tecnológica pode transformar um antigo monopólio natural em mercado concorrencial, exigindo uma mudança regulatória. Na mesma direção, novos processos produtivos e surgimento de novos produtos podem alterar o grau de substitutibilidade na demanda e/ou na oferta. Assim, seria desejável que os órgãos regulatórios fossem suficientemente flexíveis para lidar com tais mudanças estruturais;
> 2. Eficiência e capacidade de decisão em tempo econômico: o ritmo da atividade econômica requer decisão rápida e segura. Processos burocráticos morosos aumentam a incerteza, diminuindo a rentabilidade esperada do investimento. No tangente à divisão de trabalho entre defesa da concorrência e regulação, as variáveis relevantes são: i) a existência ou não de economias de escopo e escala nas atividades regulatórias setoriais e entre defesa da concorrência e regulação; ii) os custos burocráticos de transação entre unidades relativamente autônomas. Conforme discutido adiante, o desenho institucional dependerá, do ponto de vista estritamente da eficiência operacional, da combinação destes dois itens;
> 3. Custo burocrático de transação: analogamente à noção de custos de transação da teoria da firma, é útil definir o custo burocrático de transação como aquele associado à elaboração de acordos e rotinas operacionais interinstitucionais;
> 4. Minimização do risco de conflito de competências: quando mais de uma instituição tem atribuição em certa matéria ou quando duas ou mais instituições têm competências próximas surge o risco de um conflito de competência que, em

---

8. Oliveira, Gesner. *Defesa da concorrência e regulação*: o caso do setor bancário. EAESP/FGV/NPP – Núcleo de pesquisa e publicações.
9. *Idem.*

geral, acarreta demora, incerteza e, consequentemente, insegurança jurídica. Seria ocioso insistir a respeito da importância destes elementos para o setor bancário;

5. Minimização do risco de captura: conforme discutido em Oliveira (1998, p. 38-39), e de acordo com o trabalho original de Stigler (1971), a experiência regulatória dos países maduros revela uma elevada probabilidade de "captura" das agências regulatórias pelos segmentos que deveriam ser regulados. Independentemente de problemas éticos, verificou-se elevada propensão dos "regulados capturarem os reguladores" em virtude de assimetria de informação em desfavor do setor público e da natural identidade profissional entre os especialistas com função judicante temporária e os segmentos sujeitos a uma determinada jurisdição administrativa. O grau em que o recrutamento e o futuro profissional das autoridades regulatórias se restringe ao setor regulado constitui variável relevante para a propensão à captura.

Importante lembrar que inexiste, neste aspecto, conflito de competência entre o CADE e o BACEN, sendo a competência do primeiro complementar a do segundo. Ao BACEN, conforme disposto no § 2º, art. 18, da já citada Lei nº 4.595/1964, compete *"regular as condições de concorrência entre instituições financeiras, coibindo-lhes os abusos"*, enquanto ao CADE cabe julgar os atos concretos de concentração econômica. Regulação não é o mesmo que julgamento.

Ou seja, ao Banco Central cabem tarefas assemelhadas às de um órgão regulador, enquanto as tarefas do CADE aproximam-se de um Tribunal Administrativo, que lida com processos instaurados para apurar danos à concorrência, assim como a aprovação de atos de concentração.

Contudo, lembre-se que, anteriormente à consolidação do entendimento acima exposto, houve importante parecer da Advocacia-Geral da União a respeito da controvérsia. Tal parecer foi elaborado em 2001, após a aprovação, pelo CADE, da compra de 40,8% das ações do Credibanco pelo BNY International Financial Corporation, o que levou o Banco Central a formular consulta à AGU. O citado parecer foi no sentido de não ser possível à Lei nº 8.884/1994 derrogar dispositivos da Lei nº 4.595/1964,[10] já que esta foi recepcionada com lei complementar pela atual Constituição da República. Ou seja, é o BACEN a autarquia responsável pela aprovação dos atos de concentração no setor bancário brasileiro, tendo sido tal entendimento confirmado em publicação no Diário Oficial da União, de 25 de abril de 2001, no qual o então Presidente da República afirma não ser o CADE a autarquia responsável por tais julgamentos.

---

10. Esse foi também o entendimento do STJ no REsp 1.094.218, em que foi decidida a competência do BACEN para analisar os atos de concentração entre bancos.

Após a publicação citada, instaurou-se um problema: está o CADE sujeito a tal parecer da AGU? Os seus conselheiros se dividiram, havendo duas manifestações diferentes: a primeira, defendida pelo Conselheiro Grandino Rodas (presidente), no sentido de que as autarquias estão sujeitas ao controle autárquico exercido pela Administração Pública e, em havendo conflito positivo de competência entre o CADE e o BACEN, cabe ao órgão jurídico da União dirimi-lo, sendo este órgão, no caso, a AGU.

Já o Conselheiro Campilongo capitaneou entendimento no sentido contrário, afirmando estabelecer a Lei nº 8.884/1994 a não submissão do CADE a outros órgãos ou entidades da Administração.

A regulação é de suma importância no setor bancário, sendo o risco sistêmico uma das principais preocupações, pois a quebra de uma instituição financeira gera consequências nas outras, além de abalar o grau de confiabilidade da população. Nas palavras de Paulo Coutinho, "os principais objetivos da regulação prudencial são: promover práticas bancárias seguras e sólidas, promover a eficiência do setor bancário, zelar pela proteção aos depositantes e outros credores e manter a estabilidade dos mercados financeiros".[11]

Ainda, segundo Paulo Coutinho, existem três medidas a fim de se evitar o risco sistêmico, quais sejam: a) estabelecimento de um "emprestador de última instância", normalmente o Banco Central do país, que garante liquidez em momentos de crise econômica; b) criação de garantias de depósitos; c) regulação e supervisão. Todas as citadas medidas são adotadas no Brasil, podendo-se dizer que há, consequentemente, maior rigidez do sistema financeiro, uma vez que há maiores barreiras a entradas de novos participantes. Há, desta forma, certa contradição entre a defesa da concorrência e a defesa da segurança do sistema financeiro (a regulação prudencial).

Citando-se novamente Fernanda Uchoa Costa:[12]

> A imposição de barreiras à entrada prejudica a concorrência por diminuir a quantidade de participantes e, mais que isso, por fortalecer a posição das instituições já existentes, que podem acabar por se preocupar menos com o desenvolvimento de seus serviços em razão de saberem que outros competidores terão dificuldade para entrar no mercado e disputar sua clientela. Entretanto, essas barreiras são necessárias para garantir que as instituições bancárias sejam sólidas e tenham uma administração competente e responsável para gerir o capital alheio, além de terem patrimônio suficiente para arcar com os eventuais prejuízos que sofrerem, diminuindo, assim, o risco sistêmico.

---

11. Coutinho e Oliveira, *apud* Costa, Fernanda Uchôa. *A defesa da concorrência no setor bancário*. 2006. 180 f. Dissertação (Mestrado em Direito Empresarial) – Faculdade de Direito Milton Campos, Nova Lima, 2006.
12. Costa, Fernanda Uchôa. *Op. cit.*

Há, contudo, momentos em que se cria um impasse entre a defesa da concorrência e a defesa da segurança do setor bancário, sendo a sua higidez a principal preocupação do Banco Central (instituição reguladora). Não se pode olvidar, entretanto, o direito concorrencial. Assim, deve-se aplicar a chamada "regra da razão" (*rule of reason*), encontrada nos §§ 1º e 2º, do art. 54, da Lei nº 8.884/1994, segundo os quais "apesar de, potencialmente, o ato de concentração trazer prejuízo à concorrência, pode ser aprovado se trouxer ao mercado benefícios mais relevantes que os possíveis prejuízos".[13]

Não existe, contudo, "uma relação simples entre grau de concentração, risco sistêmico e padrão de concorrência",[14] existindo a possibilidade de conciliação entre tais fatores.

Os efeitos gerados por um ato de concentração entre instituições bancárias pode tanto possuir efeitos negativos quanto efeitos positivos, devendo haver a análise do caso concreto. Assim, ao mesmo tempo em que não se pode afirmar que a desconcentração acarreta a fragilidade das instituições financeiras, tampouco se pode afirmar que os incentivos à concentração destas instituições evitariam a quebra daquelas que são mais frágeis.

4. Considerações finais

Foram expostos alguns dos fundamentos da livre concorrência na questão específica do setor bancário brasileiro. Primeiramente, tratou-se do setor bancário de maneira geral, definindo-se o que é instituição financeira, qual é a sua regulação, bem como se demonstrou que a atividade financeira pode ser exercida tanto pelo setor público como pelo setor privado, sendo que ao primeiro cabe, primordialmente, a emissão de moeda e a elaboração e execução da política monetária nacional, enquanto ao segundo cabe um papel de atividade-meio na intermediação entre investidores, clientes e poupadores.

Após esta análise, passou-se a investigar quais seriam os fundamentos da livre concorrência, sendo a principal característica do mercado que atua em livre concorrência o grande número de vendedores e de compradores, com enorme poder de escolha. A regulação da concorrência no plano infraconstitucional deu-se pela Lei nº 8.884/1994.

Por fim, tratou-se da livre concorrência no setor bancário brasileiro. Foi ressaltado que a regulação deste setor é feita pelo Conselho Monetário Nacional (CMN) e pelo Banco Central do Brasil (BACEN), sendo claro que não há conflito de competência entre este último e o Conselho Administrativo de Defesa Econômica (CADE), uma vez que sua competência é complementar à do BACEN. Enquanto o primeiro é um órgão regulador, o segundo é assemelhado a um Tribunal Administrativo.

---

13. *Idem.*
14. Oliveira, Gesner. *Op. cit.*

Foi, ainda, ressaltado que a maior preocupação das instituições financeiras é o chamado "risco sistêmico", uma vez que a quebra de uma delas gera consequências em todas as outras, abalando a confiabilidade da população em tais instituições.

Por tudo que foi exposto, conclui-se, desta forma, que é necessária a regulação do setor bancário, por se tratar de sistema cujo objeto é de extrema sensibilidade, já que a ele estão associados todos os atores econômicos, além de ser indispensável a manutenção da solidez, transparência e segurança de tal sistema.

5. Referências

BRASIL. Lei nº 4.595, de 31 de dezembro de 1964. Dispõe sobre a Política e as Instituições Monetárias, Bancárias e Creditícias, cria o Conselho Monetário Nacional e dá outras providências. Disponível em: <http://www.planalto.gov.br/ccivil/leis/L4595.htm> Acessado em: 21/06/2010.

_____. Lei nº 8.884, de 11 de junho de 1994, que transforma o Conselho Administrativo de Defesa Econômica (CADE) em autarquia, dispõe sobre a prevenção e a repressão às infrações a ordem econômica e dá outras providências. Disponível em: <http://www.planalto.gov.br/ccivil_03/Leis/L8884.htm> Acessado em: 22/06/2010.

_____. Constituição da República Federativa do Brasil. Disponível em: <http://www.planalto.gov.br/ccivil_03/constituicao/constitui%C3%A7ao.htm>. Acessado em: 21/06/2010.

COSTA, Fernanda Uchôa. *A defesa da concorrência no setor bancário*. 2006. 180 f. Dissertação (Mestrado em Direito Empresarial) – Faculdade de Direito Milton Campos, Nova Lima, 2006.

FRANCESCHINI, José Inácio G. *Direito da concorrência:* case law. São Paulo: Singular, 2000.

MANKIW, N. Gregory. *Introdução à economia. Princípios de micro e macroeconomia*. 2. ed. Rio de Janeiro: Elsevier, 2001.

OLIVEIRA, Gesner. *Defesa da concorrência e regulação*: o caso do setor bancário. EAESP/FGV/NPP – Núcleo de pesquisa e publicações.

POSSAS, Mário Luiz. *Ensaios sobre economia e direito da concorrência*. São Paulo: Singular, 2002.

_____. Os conceitos de mercado relevante e de poder de mercado. *In*: *Ensaios sobre economia e direito da concorrência*. São Paulo: Singular, 2002.

Defesa da concorrência no sistema financeiro

ROGÉRIO MORAES

1. Breve contexto sobre o conflito de competência entre o CADE e o Banco Central do Brasil; 2. A positivação da defesa da concorrência; 3. O aspecto preventivo da defesa da concorrência na lei bancária; 4. O aspecto repressivo da defesa da concorrência na lei bancária; 5. Projeto de Lei Complementar nº 344/2002; 6. Referências

1. Breve contexto sobre o conflito de competência entre o CADE e o Banco Central do Brasil

A defesa da concorrência no sistema financeiro brasileiro possui a perspectiva de controle de concentração e de repressão a condutas que possam infringir a ordem econômica. O seu principal objetivo seria evitar o abuso do poder econômico, principalmente, através da eliminação da concorrência.

Especial atenção deve ser dada ao conflito positivo de competência existente entre o Banco Central do Brasil (BACEN) e o Conselho Administrativo de Defesa Econômica (CADE), no que diz respeito ao fato de quem deveria atuar na defesa da concorrência no âmbito do Sistema Financeiro Nacional.

Sendo a atividade reguladora das instituições financeiras pátrias exercida pelo Conselho Monetário Nacional, que deve obediência ao Banco Central do Brasil, os atos de concentração que possam afetar a higidez do sistema financeiro teriam a competência decisória deste. Tal fato veio a ser positivado pela Lei nº 4.595/1964, que versa a respeito das atividades preventivas e repressivas relativas à defesa da concorrência.

A resolução do conflito positivo de competência travado no âmbito do governo a respeito de qual órgão, Banco Central ou CADE ou ambos, de maneira complementar, ensejaria uma definição de quem seria competente para cuidar da matéria da concorrência, na sua dupla vertente, preventiva e repressiva, no âmbito do Sistema Financeiro Nacional.

Em um primeiro momento, no Banco Central, a matéria foi objeto de análise pelos setores técnicos e pela Procuradoria-Geral do Banco Central (PGBC), sobressaindo conclusão de que por força da Lei nº 4.595/1964 e do art. 192 da Constituição Federal, a competência encontra-se na esfera do Banco Central, e não na do CADE. Desta forma, não haveria superposição de competências entre as duas autarquias.

O resultado deste conflito inicial foi a celebração do "Convênio de Cooperação Técnica", de 8 de maio de 1997, entre o Banco Central e o CADE, pelo prazo inicial de dois anos, prorrogáveis, sendo fixadas diretrizes visando a mútua cooperação entre as autarquias.

O Banco Central mudou a sua postura após o CADE editar a Resolução nº 15, de 19 de agosto de 1998, que subordinava os atos de concentração envolvendo instituições financeiras à análise posterior desta autarquia, resultando, assim, em efetivos julgamentos.

Este duelo interpretativo, na visão do Banco Central, e sua contraposição às decisões adotadas pelo CADE constituiriam os fundamentos necessários à caracterização do já dito conflito positivo de competência entre o CADE e o Banco Central que será tratado com maior profundidade posteriormente.

2. A positivação da defesa da concorrência

Com a evolução do Sistema Financeiro Nacional, principalmente, com o advento da Constituição Republicana de 1988, tornou-se necessária uma adequação da eficácia dos instrumentos positivados na Lei nº 4.595/1964. Como exemplo desta inadequação, podem ser citadas as regras antitruste, cuja preocupação central se voltava para o sempre ineficaz tabelamento de preços e outras políticas, mal pensadas e inadequadas, aplicadas ao Sistema Financeiro Nacional, que institui um sistema ineficaz, já que a Lei nº 4.595/1964 denota um Estado intervencionista em todos os mercados. Desta forma, influencia de forma maléfica a concepção da livre concorrência, o que não ocorre em outros países com economias mais desenvolvidas.

Analisando os dispositivos da Lei nº 4.595/1964, que tratam da política concorrencial aplicável ao Sistema Financeiro Nacional, revela-se o poder limitado do Banco Central para disciplinar as condutas lesivas à concorrência.

3. O aspecto preventivo da defesa da concorrência na lei bancária

A vertente preventiva relativa à defesa da concorrência diz respeito aos chamados atos de concentração, que estão inseridos no art. 10, incisos IX e X, alíneas *c* e *g*, da Lei nº 4.595/1964, abaixo transcrito, versando sobre a competência privativa do Banco Central para exercer a fiscalização das instituições financeiras, aplicar as penalidades previstas na legislação, bem como analisar e aprovar os atos que possam resultar em transformação, fusão, incorporação ou encampação e alienação ou, por qualquer outra forma, na transferência de controle acionário.

> *Art. 10. Compete privativamente ao Banco Central do Brasil:*
> *(...)*
> *IX – exercer a fiscalização das instituições financeiras e aplicar as penalidades previstas;*
> *X – conceder autorização às instituições financeiras, a fim de que possam:*
> *(...)*
> *c) ser transformadas, fundidas, incorporados ou encampadas;*
> *g) alienar ou, por qualquer outra forma, transferir o controle acionário;*

No caso em tela, nota-se perfeitamente na Lei nº 4.595/1964 o caráter intervencionista do Estado refletindo, assim, uma incompatibilidade com a política monetária contemporânea. Nesta esteira, deveria o Banco Central utilizar os instrumentos que possui para incentivar o desenvolvimento bancário de regiões econômicas que necessitassem de incentivos. Porém, o que se verifica é uma inércia da instituição neste sentido.

4. O aspecto repressivo da defesa da concorrência na lei bancária

O § 2º do art. 18, da Lei nº 4.595/1964, abaixo transcrito, disciplina as condutas anticompetitivas da defesa da concorrência, que condiciona o exercício de atividade financeira à prévia autorização do Banco Central ou decreto do Poder Executivo, quando se tratar de instituição financeira estrangeira. Cabe-lhe, adicionalmente e no exercício de sua competência privativa de fiscalização, regular as condições de concorrência entre instituições financeiras.

> *Art. 18. As instituições financeiras somente poderão funcionar no País mediante prévia autorização do Banco Central do Brasil, ou decreto do Poder Executivo, quando forem estrangeiras.*
> *(...)*

§ 2º O Banco Central do Brasil, no exercício da fiscalização que lhe compete, regulará as condições de concorrência entre instituições financeiras, coibindo-lhes os abusos com a aplicação da pena nos termos desta Lei.

5. Projeto de Lei Complementar nº 344/2002

Outro importante aspecto é o Projeto de Lei Complementar nº 344/2002 que o Poder Executivo encaminhou ao Congresso Nacional visando enquadrar o sistema financeiro aos preceitos constitucionais de defesa da ordem econômica.

Tal Projeto de lei complementar tenta afastar, definitivamente, naquilo que diz respeito aos atos de concentração, a polêmica da competência. Assim, inclui um inciso XIII ao art. 10 da Lei nº 4.595/1964, deixando claro que caberá privativamente ao Banco Central a decisão acerca dos atos de concentração entre instituições financeiras que afetem a higidez do sistema financeiro. Nesta esteira, um novo § 3º também seria posto na citada Lei, que deixaria a cargo do Banco Central decidir antecipadamente sobre o ato de concentração ser ou não capaz de afetar a higidez do sistema financeiro.

6. Referências

BRASIL. Advocacia-Geral da União. Parecer nº AGU/LA-01/2001, de 7 de fevereiro de 2001. *Conflito positivo de competência entre o Banco Central do Brasil e o Conselho Administrativo de Defesa Econômica.* Relator: Luiz Alberto da Silva.

CAMPILONGO, Celso Fernandes; ROCHA, Jean Paul Cabral Veiga da; MATTOS, Paulo Todescan Lessa (Coords.). *Concorrência e regulação no sistema financeiro.* São Paulo: Max Limonad.

OLIVEIRA, Gesner; GOMES, Carlos Jacques Vieira (assistente). *Defesa da concorrência e regulação: o caso do setor bancário.* EAESP/GGV/NPP, Relatório de Pesquisa, 2000.

4

O Conflito de Competência entre CADE e BACEN: (in)segurança jurídica e econômica do Sistema Financeiro Nacional

CAROLINE DA ROSA PINHEIRO
DIONE VALESCA XAVIER DE ASSIS

1. Introdução; 2. O Banco Central do Brasil — BACEN; 3. O Conselho Administrativo de Defesa Econômica — CADE; 4. O âmbito de atuação do CADE e do BACEN na defesa da concorrência; 4.1. BACEN; 4.2. CADE; 5. A origem do conflito; 6. As posições divergentes; 7. Poder Judiciário; 8. O aparente conflito positivo de competência; 9. A insegurança jurídica e econômica causada pelo conflito; 10. Uma possível solução: os Projetos de Lei n° 265/2007 e n° 6/2009; 11. Considerações finais; 12. Referências

1. Introdução

A competência para análise da concorrência no setor bancário, decorrente dos atos de concentração realizados pelas instituições financeiras que buscam obter maior economia de escala[1] e redução em seus custos de transação, tem sido um dos temas de maior debate no cenário jurídico e econômico brasileiro.

E não se trata de privilégio tupiniquim. A questão tem sido debatida também nas principais economias mundiais. No Japão e nos EUA, por

---

1. Wald, Arnoldo. A Concorrência no setor bancário. *Revista de Direito Bancário do Mercado de Capitais e da Arbitragem*. Ano 6, abr.-mai. 2003, cap. 6. São Paulo: Revista dos Tribunais.

exemplo, até o presente momento, restou definido que a competência é concorrente, de modo que tanto as autoridades regulatórias quanto as de defesa da concorrência cuidam da concorrência no setor financeiro.

Na União Europeia a questão já se encontra, inclusive, regulamentada:[2] dependendo do montante envolvido, caberá à Comissão Europeia ou aos Estados-membros atuarem, jamais se submetendo a qualquer entidade responsável pelo sistema financeiro.[3]

Segundo Arnoldo Wald, a França, em 2003, por meio do seu Conselho de Estado, entendeu que cabe ao *Comitê dês Etablissements de Crédit et dês Entreprises d'Investissement* (CECEI) autorizar as fusões bancárias, retirando do seu Conselho de Concorrência (o CADE brasileiro) e do Ministro da Fazenda dita competência sob o fundamento de ser aquele o "órgão competente em matéria de concentração de instituições financeiras".[4]

No caso em tela, estabeleceu o Conselho de Estado francês que cumpre ao CECEI tão somente a função de autorizar a fusão entre as instituições financeiras, não sendo atribuído a ele poderes para condicionar a operação, na hipótese de ser ela autorizada.[5]

Diante disso, verifica-se que, em princípio, o Estado francês já definiu a competência para a apreciação acerca da concentração bancária às autoridades financeiras.

No Brasil, o debate teve início na década de 1990, quando o CADE, dando nova interpretação à Lei Antitruste e à Lei do Sistema Financeiro, entendeu ser competente para apreciar os atos de concentração bancária. A questão persiste até os dias de hoje e, até o momento, ainda não há definição, em que pese já ter o Superior Tribunal de Justiça se pronunciado sobre o tema. Aguarda-se, no entanto, o pronunciamento definitivo deste Tribunal.

De qualquer forma, a Advocacia-Geral da União, em parecer, atribuiu ao Banco Central a competência para apreciar os atos de concentração entre instituições financeiras. No entanto, o CADE vem se recusando a acolher dito parecer, entendendo ser ele a autoridade competente para apreciar a matéria.

Diante de todo o exposto, busca o presente ensaio investigar o conflito positivo de competência decorrente do entendimento de ambas as autarquias, e o seu impacto jurídico e econômico. A importância aqui dada repousa no fato de que a ausência de definição submete o administrado à situação de insegurança jurídica

---

2. Regulamento CE nº 139/2004 (Regulamento das Concentrações).
3. Disponível em: <http://www.esaf.fazenda.gov.br/esafsite/premios/SEAE/arquivos/monografias_2006/defesa/1_lugar_Tema_1-Estudante-Vitor.pdf>.
4. No caso estava em jogo a fusão entre duas das maiores instituições financeiras do país (a Crédit Agricole e o Crédit Lyonnais).
5. De qualquer forma, tem-se notícia de que o Ministro da Fazenda está preparando uma emenda a um projeto de lei sobre segurança financeira para permitir que as fusões bancárias possam ser condicionadas.

e econômica, repudiada pelo atual ordenamento, e pode deflagrar uma crise institucional no Estado.

2. O Banco Central do Brasil – BACEN

Segundo o *site* oficial da autarquia,[6] ela foi criada, em dezembro de 1964, após a promulgação da Lei nº 4.595, e teve como principal função substituir a SUMOC (Superintendência da Moeda e do Crédito), cuja finalidade era "exercer o controle monetário e preparar a organização de um banco central". Dentre outras funções,

> ...tinha a responsabilidade de fixar os percentuais de reservas obrigatórias dos bancos comerciais, as taxas do redesconto e da assistência financeira de liquidez, bem como os juros sobre depósitos bancários. Além disso, **supervisionava a atuação dos bancos comerciais**, orientava a política cambial e representava o País junto a organismos internacionais.

Em outras palavras, cumpriria ao Banco Central a função de "banco dos bancos", distinguindo-se das demais instituições financeiras por não ter propósitos de lucro, "senão o de exercer uma função econômico-social, agindo sobre o mercado monetário e sobre a estrutura geral do sistema bancário".[7]

Em verdade, o Banco Central nasceu no período de profundas reformas políticas, econômicas e sociais derivadas do momento vivido em 1964 e, por isso, assumiu papel relevante no cenário brasileiro, já que Órgão de cúpula do Sistema Financeiro Nacional. Promulgada a Constituição Federal de 1988, trouxe ela dispositivos cuja função foi nortear a atuação do Banco Central,[8] tais como: emitir moeda, não conceder empréstimo ao Tesouro Nacional ou qualquer outra entidade que não seja instituição financeira etc.

No entanto, muito ainda se discute acerca da real função do Banco Central e, com isso, do alcance de sua atuação, em que pese ter a Carta Magna buscado dotar a autarquia de maior autonomia.

---

6. Disponível em: <http://www.bcb.gov.br/HISTORIABC>.
7. Gomes, Luiz Souza. *Bancos Centrais e Instituições Internacionais de Crédito*. Rio de Janeiro: Fundação Getulio Vargas, 1967, p. 11.
8. Art. 164. A competência da União para emitir moeda será exercida exclusivamente pelo banco central.
§1º – É vedado ao banco central conceder, direta ou indiretamente, empréstimos ao Tesouro Nacional e a qualquer órgão ou entidade que não seja instituição financeira.
§ 2º – O banco central poderá comprar e vender títulos de emissão do Tesouro Nacional, com o objetivo de regular a oferta de moeda ou a taxa de juros.
§ 3º – As disponibilidades de caixa da União serão depositadas no banco central; as dos Estados, do Distrito Federal, dos Municípios e dos órgãos ou entidades do Poder Público e das empresas por ele controladas, em instituições financeiras oficiais, ressalvados os casos previstos em lei.

Para Luiz Souza Gomes,[9] "embora existam algumas variações, há um consenso sobre suas práticas [Bancos Centrais] que podem ser encontradas em todo o mundo". De modo que a essência de um banco central se resumiria ao desempenho das seguintes atividades:

1. a emissão de papel-moeda e moeda metálica;
2. o desempenho de funções de banco geral e de agência de serviço do Estado;
3. a guarda das reservas metálicas e de outros bancos;
4. o redesconto de papéis comerciais;
5. a aceitação da responsabilidade dos empréstimos em última instância;
6. a liquidação de saldos de compensação entre os bancos;
7. o controle do crédito; e
8. o controle do câmbio.

Para Carlos Roberto Salomão:

> Não se pode negar a imprescindibilidade de um banco central (...). A sua função essencial de guardião das reservas monetárias e controlador da moeda e do credito são consideradas fundamentais para a existência e funcionamento de uma ordem creditícia e monetária. Ademais, os bancos centrais atuam, hoje, como um verdadeiro órgão assessor do governo, apresentando, sempre que necessário, alternativas de política econômica, visando principalmente a adequação da política monetária e creditícia aos altos objetivos finais da nação.[10]

Segundo o autor, uma vez constituído, o crescimento do Banco Central do Brasil teve início nas décadas de 1960 e 1970, quando passou a intervir no Sistema Financeiro Nacional, seja por meio da política de minidesvalorização cambial, seja por meio de maior uso de operações de *open-market* (venda de títulos da dívida pública). Para ele "a expansão do Banco Central pode ser atribuída ao crescimento e complexidade dos negócios e das atividades bancárias".

3. O Conselho Administrativo de Defesa Econômica – CADE

Matérias relativas à economia popular, defesa da concorrência, função social da propriedade e repressão ao abuso do poder econômico são todas afetas à Lei Antitruste.

No Brasil, o primeiro diploma legal a tratar a matéria foi o Decreto-Lei nº 869/1938, que criou a "Comissão Administrativa de Defesa Econômica", mas

---

9. *Op. cit.*, p. 39-40.
10. *Op. cit.*, p. 64.

somente em 1945 com o Decreto-Lei nº 7.666 é que foram definidas algumas formas sobre o abuso do poder econômico.

Em 1962 foi aprovada a Lei nº 4.137, responsável pela criação do **Conselho Administrativo de Defesa Econômica – CADE**. A partir de então, o órgão ficou responsável pela averiguação dos possíveis abusos cometidos contra a Ordem Econômica (nesse momento era o CADE que se pronunciava sobre os julgamentos das infrações e, se fosse o caso, requereria ao Poder Judiciário a aplicação das possíveis sanções).

Em 1991 ocorreram algumas modificações das funções atribuídas ao órgão e a Lei nº 8.158/1991, passou a classificá-lo como "órgão judicante", tendo em vista que pertencia à estrutura do Ministério da Justiça e que tinha competências previstas não só na citada Lei nº 8.158, como também no antigo diploma bancário – Lei nº 4.137/1962. Desse momento em diante o CADE passou a funcionar junto à Secretaria Nacional de Direito Econômico – SNDE, do Ministério da Justiça.

Somente três anos depois foi editada a atual lei que dispõe sobre as atribuições do CADE e da Secretaria de Desenvolvimento Econômico, Lei nº 8.884, de 11/06/1994. Dentre as principais inovações trazidas pelo "novo" diploma legal, podemos citar a previsão de mandato fixo dos conselheiros e o recurso somente ao Poder Judiciário contra as decisões tomadas pelo colegiado do Conselho, por exemplo.

As finalidades do CADE são basicamente descritas em dois instrumentos, quais sejam: a Lei nº 8.884/1994 (art. 1º) e o Regimento Interno do órgão, também no art. 1º. Vale observar, que ambos os diplomas não encerram o conflito existente sobre a questão da competência em relação às instituições financeiras, ao contrário, uma vez que estipulam normas genéricas e abrangentes sobre a competência do órgão,[11] se tornam mais um dos muitos argumentos utilizados que resultam na persistência do conflito.

Segundo o art. 14 desse "novo" diploma normativo, compete ao CADE, dentre outras coisas:

I – zelar pela observância desta lei e seu regulamento e do Regimento Interno do Conselho;
II – decidir sobre a existência de infração à ordem econômica e aplicar as penalidades previstas em lei;

---

11. **Lei nº 8.884/1994** – "Art. 1º Esta lei dispõe sobre a prevenção e a repressão às infrações contra a ordem econômica, orientada pelos ditames constitucionais de liberdade de iniciativa, livre concorrência, função social da propriedade, defesa dos consumidores e repressão ao abuso do poder econômico."
Regimento Interno do CADE – "Art. 1º O Conselho Administrativo de Defesa Econômica – CADE, órgão judicante com sede e foro no Distrito Federal e jurisdição em todo o território nacional, criado pela Lei nº 4.137, de 10 de setembro de 1962, transformado em autarquia federal e regido pela Lei nº 8.884, de 11 de junho de 1994, vinculado ao Ministério da Justiça – MJ, tem por finalidade prevenir e reprimir as infrações à ordem econômica."

III – decidir os processos instaurados pela Secretaria de Direito Econômico do Ministério da Justiça;
IV – decidir os recursos de ofício do Secretário da SDE;
V – ordenar providências que conduzam à cessação de infração à ordem econômica, dentro do prazo que determinar;
VI – aprovar os termos do compromisso de cessação de prática e do compromisso de desempenho, bem como determinar à SDE que fiscalize seu cumprimento;
(...).

Entretanto, é importante destacar que o objeto central do conflito encontra-se nos arts. 15 e 54 da Lei nº 8.884/1994. O primeiro, por tratar da submissão de todas as pessoas físicas ou jurídicas, de direito público ou privado, às normas constantes da Lei de Concorrência e, o segundo, por também dispor sobre a submissão ao CADE de todos os atos que possam afetar as condições de concorrência, conforme discutiremos mais aprofundadamente adiante.

4. O âmbito de atuação do CADE e do BACEN na defesa da concorrência
4.1. BACEN

Disciplinado pela lei que regula o Sistema Financeiro Nacional (Lei nº 4.595/1964), cumpre ao BACEN:

Art. 10. Compete privativamente ao Banco Central da República do Brasil:
(...)
X – Conceder autorização às instituições financeiras, a fim de que possam*:*
(...)
c) ser transformadas, fundidas, incorporadas ou encampadas;
(...)
Art. 18. As instituições financeiras somente poderão funcionar no País mediante prévia autorização do Banco Central da República do Brasil ou decreto do Poder Executivo, quando forem estrangeiras.
(...)
*§ 2º **O Banco Central da República do Brasil**, no exercício da fiscalização que lhe compete, **regulará as condições de concorrência entre instituições financeiras**, coibindo-lhes os abusos com a aplicação da pena nos termos desta lei.*

De fato, os dispositivos supracitados regulam a concorrência no setor bancário, estabelecendo que cabe ao Banco Central conceder autorização às instituições financeiras quando de sua transformação.

Em verdade, a defesa da concorrência, elevada a princípio constitucional em 1988, precisa ser observada por todos, inclusive pelos que integram o Sistema Financeiro Nacional.

Ocorre que, segundo Calixto Salomão Filho, "o Banco Central jamais exerceu sua competência teórica em matéria concorrencial".[12] Para Carlos Ari Sundfeld, tais dispositivos permitiriam concluir, inclusive, que não está o Banco Central responsável pela promoção da concorrência no setor financeiro.[13]

4.2. CADE

Conforme dito anteriormente, o advento da Lei Antitruste (Lei nº 8.884) instituiu o CADE e estabeleceu como função precípua do órgão a prevenção e repressão de práticas anticompetitivas entre os agentes econômicos.

Segundo o art. 15 da referida Lei, incide sobre os seguintes agentes:

> *Art. 15. Esta lei aplica-se às pessoas físicas ou jurídicas de direito público ou privado, bem como a quaisquer associações de entidades ou pessoas, constituídas de fato ou de direito, ainda que temporariamente, com ou sem personalidade jurídica, mesmo que exerçam atividade sob regime de monopólio legal.*

Nesse sentido, cite-se Paula A. Forgioni:

> Com a amplitude que foi dada pelo art. 15 da Lei 8.884, ao que tudo indica, será pouco frutífera a alegação de qualquer ente, público ou privado, de que não está sujeito às disposições da Lei Antitruste, procurando se esquivar das restrições que lhe são impostas.[14]

Além disso, prevê o art. 54 da Lei Antitruste:

> *Art. 54. Os atos, sob qualquer forma manifestados, que possam limitar ou de qualquer forma prejudicar a livre concorrência, ou resultar na dominação de mercados relevantes de bens ou serviços, deverão ser submetidos à apreciação do Cade.*

Verifica-se que a intenção do legislador foi ratificar o CADE a autoridade competente para apreciar os atos dos agentes econômicos que venham embaraçar a livre

---

12. Salomão Filho, Calixto. *Direito Concorrencial:* as estruturas. São Paulo: Malheiros, 2007, p. 258.
13. Sundfeld, Carlos Ari. Concorrência e Regulação no Sistema Financeiro. *In:* Campilongo, Celso Fernandes; Rocha, Jean Paul Cabral Veiga da; Mattos, Paulo Todescan Lessa (Coord.). *Concorrência e Regulação no Sistema Financeiro*. São Paulo: Max Limonad, 2002, p. 44.
14. Forgioni, Paula A. *Os Fundamentos do Antitruste*. São Paulo: Revista dos Tribunais, 2005, p. 157.

concorrência, seja no setor de bens seja no de serviços, não limitando ou condicionando sua atuação em qualquer dos mercados.

5. A origem do conflito

O conflito teve origem no caso do Banco Francês e Brasileiro S.A., no momento em que a Comissão de Valores Mobiliários (CVM) indagou sobre a necessidade da submissão do caso ao CADE, argumentando que a operação envolvia uma instituição financeira e que já havia recebido autorização do Banco Central, atendendo, com isso, o requisito imposto pelo art. 255 da Lei das Sociedades Anônimas – LSA.[15]

Vale ressaltar que nesse momento o posicionamento da Procuradoria do CADE, de acordo com seu Parecer nº 69/1996, reconheceu a especialidade tanto da Lei nº 4.595/1964 quanto da Lei nº 8.884/1994 e entendeu a Lei Bancária aplicável aos atos, contratos, condutas abusivas etc., quando se tratar de instituição financeira. Entretanto, ressalvou a importância do Banco Central rever em sua análise a participação do CADE, considerando a especialidade técnica deste órgão.

E não foi só, a citada Procuradoria utilizou também o embasamento constitucional do art. 173, § 4º, para enfatizar a importância da regulamentação participativa inserindo aquele Conselho.

Em contrapartida, a Procuradoria do Banco Central, com base na Lei nº 4.595/1964 e no art. 192 da CR/1988, entendeu que a matéria pertence à sua esfera de competência, embora possua o mesmo entendimento que o CADE sobre a especialidade da Lei nº 8.884/1994.

Em 1997 foi firmado o Convênio de Cooperação Técnica que objetivou o compartilhamento das informações entre os órgãos, através da troca de informações e de conhecimento técnico. Tal convênio foi produtivo para a evolução dos estudos sobre as especificidades de cada órgão, bem como das possíveis alternativas de cooperação institucional entre eles. Entretanto, o antigo impasse voltou a ter força a partir da edição da Resolução nº 15/1998 do CADE (instituindo a submissão dos atos de concentração praticados por instituições financeiras à análise posterior do órgão).

Tal resolução foi fator preponderante para o término da postura "cooperativa" que vinha sendo adotada pelo Banco Central, que baseou sua mudança comportamental em argumentos como: (i) particularidade relativa à atividade financeira; (ii) competência em relação à matéria concorrencial ; (iii) os dispositivos constitucionais e, ainda, o que dispunha a Lei Bancária sobre o tema.

Por último, mas não esgotando o tema, em trabalho premiado, em 2006, pela SEAE, Miguel Arcanjo Neto enfatiza uma importante questão levantada pelo Banco

---

15. Art. 255. A alienação do controle de companhia aberta que dependa de autorização do governo para funcionar está sujeita à prévia autorização do órgão competente para aprovar a alteração do seu estatuto. (Redação dada pela Lei nº 9.457, de 1997)

Central na defesa de seus argumentos, qual seja, "a possível existência de impasse entre a defesa da concorrência e a defesa da segurança e da solidez do sistema financeiro".[16]

6. As posições divergentes

Como visto, o primeiro caso de ato de concentração submetido ao CADE envolvendo instituições financeiras se deu em 1996.[17] Em outubro de 2000, a Procuradoria-Geral do Banco Central do Brasil publicou parecer[18] entendendo ser esta a autarquia competente. Em seguida, foi publicado parecer da Procuradoria do Conselho Administrativo de Defesa Econômica[19] e da Consultoria Jurídica do Ministério da Justiça,[20] até que, em 2001, a Advocacia-Geral da União (AGU), instada a se manifestar, proferiu parecer[21] entendendo ter o Banco Central competência exclusiva para decidir as questões que envolvessem instituições financeiras, inclusive suas fusões.[22]

Em que pese tal orientação, ao apreciar novo ato de concentração a ele submetido,[23] o CADE firmou sua competência, sob o fundamento de que a Lei Antitruste não apresenta qualquer tipo de reserva às pessoas jurídicas a ela submetidas, estando, assim, inseridas as instituições financeiras.

No momento, dois atos de concentração bancária estão sendo apreciados pelo CADE: o Ato de Concentração nº 08012.005499/2006-18, que envolve Aquisição, pelo Banco Itaú Holding Financeira S.A., das participações societárias do BankBoston Capital do Brasil S.A. Ltda., Boston Comercial e Participações Ltda., BankBoston Asset Management Ltda., BankBoston Corretora de Seguros Ltda. e Libero Trading S.A; e o Ato de Concentração nº 08012.005793/2006-20, envolvendo a aquisição do Banco Pactual e suas subsidiárias pelo UBS.

Em meados de 2001, foi desenvolvido por Gesner de Oliveira, presidente do CADE na época, um estudo intitulado "O estudo de defesa da concorrência e regulação: o caso setor bancário",[24] cujo objeto era a discussão acerca da aplicação da legislação de defesa da concorrência no setor bancário em relação aos seguintes aspectos:

---

16. *In*: "Defesa da Concorrência no Sistema Financeiro: uma proposta de divisão de atribuições". 2º Lugar – Defesa da Concorrência, 2006, p. 15.
17. Ato de concentração nº 87/96: Banco Francês e Brasileiro S.A. e Americas Finance Company Limited.
18. Parecer nº 2000/00762/DEJUR/PRIRE.
19. Parecer nº 876/2000.
20. Parecer CJ nº 213/2000.
21. Parecer nº GM-020/2001.
22. É bom ressaltar que o parecer do Advogado-Geral da União quando aprovado pelo Presidente da República e publicado juntamente com o despacho presidencial adquire caráter normativo e vincula todos os órgãos e entidades da Administração Federal, que ficam obrigados a lhe dar fiel cumprimento.
23. Ato de Concentração nº 08012.006762/2000-09: "Caso Finasa".
24. Disponível em: <http://www.eaesp.fgvsp.br/AppData/Article/SetorBancario.doc>.

- experiência internacional de interação entre as autoridades de defesa da concorrência e de regulação bancária;
- aplicabilidade da Lei nº 8.884/1994 ao setor bancário, tendo em vista a legislação específica do segmento;
- adequação de tal aplicação tendo em vista as peculiaridades do setor, em particular as questões relativas ao risco sistêmico existente em determinadas conjunturas;
- providências necessárias para conferir segurança jurídica aos atos realizados desde a edição da Lei nº 8.884/1994, bem como ao *phasing in* de regulação concorrencial do setor;
- eventuais adaptações que seriam necessárias para aplicação da Lei nº 8.884/1994 ao setor.

Embora entenda ser o CADE a autarquia competente, o autor propôs novos arranjos institucionais que poderiam conduzir à resolução do conflito. Vejamos:

i) **Isenção antitruste**: agências regulatórias (AR), o Banco Central no caso, aplicam legislação de defesa da concorrência, prevalecendo sempre a legislação específica sobre eventual comando geral da lei antitruste. Neste caso, a agência regulatória realiza as três tarefas assinaladas acima, recaindo a ênfase sobre aspectos regulatórios, sem deixar espaço para a atuação da autoridade de defesa da concorrência (AC). Pode-se mesmo conceber situações em que a lei de concorrência não se aplica por determinação expressa.

Quadro I – Possíveis Configurações Institucionais: Modelo 1 (Isenção Antitruste)

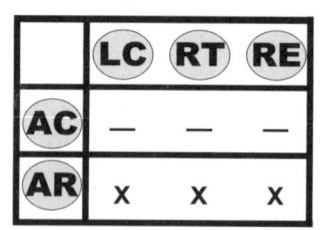

	LC	RT	RE
AC	—	—	—
AR	x	x	x

ii) **Competências Concorrentes**: tanto as autoridades de defesa da concorrência quanto as regulatórias têm competência para aplicar sanções antitruste, bem como para estabelecer normas de regulação econômica.

**Quadro II – Possíveis Configurações Institucionais: Modelo 2
(Competências Concorrentes)**

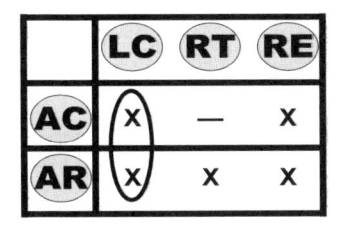

	LC	RT	RE
AC	x	—	x
AR	x	x	x

iii) **Competências Complementares**: as atribuições entre as duas autoridades não se sobrepõem. Há nítida divisão de trabalho segundo a qual a agência regulatória cuida exclusivamente das tarefas de regulação técnica e econômica, enquanto a autoridade de defesa da concorrência aplica a lei antitruste.

**Quadro III – Possíveis Configurações Institucionais: Modelo 3
(Competências Complementares)**

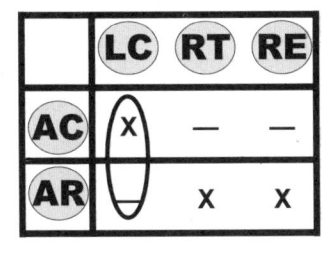

	LC	RT	RE
AC	x	—	—
AR		x	x

iv) **Regulação Antitruste**: a autoridade de defesa da concorrência aplica tanto a lei antitruste quanto as regulações técnica e econômica. Trata-se de caso simétrico a i) em que a ênfase maior tipicamente recairia sobre a legislação antitruste, restringindo-se a regulação ao mínimo necessário.

**Quadro IV – Possíveis Configurações Institucionais: Modelo 4
(Regulação Antitruste)**

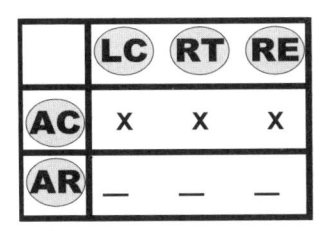

	LC	RT	RE
AC	x	x	x
AR	—	—	—

v) **Desregulamentação**: competência exclusiva recai sobre a autoridade antitruste, eliminando-se, inclusive, as regulações de caráter técnico e econômico.

Quadro V – Possíveis Configurações Institucionais: Modelo 5 (Desregulamentação)

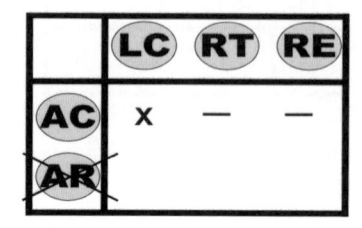

	LC	RT	RE
AC	x	—	—
~~AR~~			

Note-se que as possibilidades dos Quadros I a V podem ser alinhadas em ordem crescente da importância dos mecanismos de mercado, conforme sugerido pelo Quadro C.

Quadro C – *Continuum* **de Configurações Institucionais**

Isenção Antitruste	Competências Concorrentes	Competências Complementares	Regulação Antitruste	Desregulação

Regulação .... **Defesa da Concorrência**

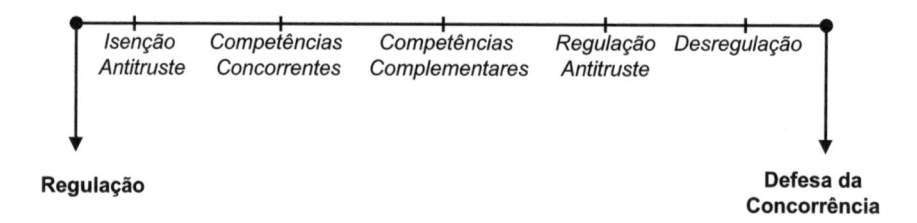

E conclui:

> As possibilidades descritas acima parecem compatíveis com o elenco de alternativas de configuração institucional sugerido em Banco Mundial (1998, p. 24-28). Destaca-se, neste estudo, a alternativa de a autoridade de defesa da concorrência tornar-se uma corte administrativa para recursos de decisões de agências regulatórias. Isto seria compatível com uma ou mais variantes das configurações discutidas.[25]

Embora tanto o CADE quanto o Banco Central possuam argumentos que sustentam sua tese, no que se refere à fiscalização dos atos de concentração nas instituições financeiras, entendemos que o melhor caminho para a questão é a atividade conjunta entre as autarquias.

---

25. Oliveira, Gesner. O estudo da defesa e regulação. *Op. cit.*

Nesse sentido, Gustavo Binenbojm comenta sobre a polêmica entre a Advocacia-Geral da União e o Conselho Administrativo de Defesa Econômica (CADE) em torno da Portaria PGF nº 164/2009 (que fixou a defesa judicial das agências reguladoras perante os tribunais superiores na Procuradoria-Geral Federal, órgão subordinado à AGU[26]), vejamos:

> A AGU, exercendo a competência que lhe confere o artigo 4º, inciso X, da Lei Complementar 73/93, entendeu que a atribuição é do Banco Central. O Cade, por deliberação do seu Plenário, insurgiu-se contra o entendimento da AGU e a matéria acabou sendo submetida ao Poder Judiciário. É verdade que, no caso em tela, haveria um conflito de interesses. De ordinário, entretanto, não há conflito e a atuação dos procuradores federais tem se mostrado satisfatória. Alguma solução intermediária poderá ser alcançada para os casos de conflitos institucionais judicializados, como a designação especial de algum procurador pela agência reguladora (ou pelo Cade) ou a demarcação de um insulamento institucional da Procuradoria da entidade em relação à AGU, como uma espécie de *chinese wall*. **O ideal é que tal solução seja construída consensualmente pela AGU com as agências, o Cade e a CVM, podendo ser formalizada mediante edição de um ato normativo conjunto. A virtude está no meio** (destacamos).

Ocorre que a questão ainda continua aberta, dependendo de posição final do Poder Judiciário.

7. Poder Judiciário

Instado a se manifestar acerca do tema, o Poder Judiciário vem se posicionando das mais diversas formas.

O primeiro tribunal a se manifestar foi o da Justiça Federal do Distrito Federal, julgando o MS nº 2002.34.00.033475-0/DF, impetrado pelo BCN S.A. contra acordão do CADE, que determinou que este apresentasse ao Conselho a aquisição do seu controle pelo Bradesco e, ainda, multa no valor de R$ 127.692,00 (cento e vinte e sete mil seiscentos e noventa e dois reais) por intempestividade na operação, já que à época da operação, ela teria sido submetida apenas ao Banco Central.

A segurança foi concedida, sendo desconstituído o ato do presidente do CADE sob o seguinte fundamento:

> A regulação do sistema financeiro nacional, conquanto a Constituição tenha estabelecido o tratamento da matéria pela via da Lei Complementar (CF, art. 192) é a Lei nº 4.595/64, recepcionada com esse *status*, que define as regras acerca do

---

26. Disponível em: <http://direitoadministrativoemdebate.wordpress.com/category/regulacao/agencias/>.

trato da matéria. E o faz de forma detalhada, mormente no que toca à definição da estrutura do sistema financeiro, seu controle e fiscalização.

Trata-se, pois, de norma dotada de especialização em tema de sistema financeiro. Com base nela o Banco Central do Brasil atua de modo a controlar toda e qualquer operação envolvendo instituições financeiras (...).
Não teria sentido do ponto de vista jurídico que a mesma operação de compra fosse submetida ao duplo controle, quando é consabido que o Banco Central é autarquia que detém o corpo técnico especializado na área de finanças.
Ademais disto, o parecer da Advocacia-Geral da União nº LA-01/2001, longe de traduzir submissão ao escopo do CADE, dá cumprimento à regra posta no art. 40 da Lei Complementar 73/93, que alcança todos os órgãos da Administração Pública, como sói ocorrer com o CADE.

Interposto recurso de apelação cível, o TRF1 reverteu a decisão para determinar ser competente o CADE para apreciar o caso, sob o fundamento de que os dispositivos que disciplinam a matéria concorrencial na Lei Bancária não teriam sido recepcionados pela Constituição Federal de 1988 como lei complementar; que a competência do CADE não pode ser afastada pelo que foi disposto pela Lei Bancária para análise de atos de concentração; e que o Parecer da AGU só vincularia a Administração Federal direta, não sendo, por isso, de observância obrigatória pelo CADE, sob pena de ferir a autonomia desta autarquia.

Durante o debate, chegou-se a sustentar ter o CADE competência complementar para julgar atos de concentração no setor financeiro. Nesse sentido, vale transcrever parte do voto do Desembargador Fagundes de Deus:

> É preciso acentuar, sob esse aspecto, a grande diferença existente entre a sistemática da Lei nº 4.595/1964 e a nova disciplina da Lei nº 8.884/1994, sendo certo que somente a última reflete a nova e moderna visão do legislador constituinte na tutela dos direitos e interesses difusos e coletivos, diferentemente do que sucedeu com o legislador de 1964.
> (...)
> Apenas os dispositivos da Lei nº 4.595/1964 que tratam do Sistema Financeiro Nacional foram recepcionados pela Constituição Federal de 1988 com o *status* de lei complementar, por força do art. 192 da CF. Já as normas da Lei nº 4.595/1964, que cuidam de concorrência, têm natureza de lei ordinária, pois Carta Política, em seu art. 173, § 4º, não faz expressa alusão à lei complementar.
> (...)
> De tudo quanto ficou registrado, extrai-se a possibilidade coexistência da Lei nº 4.595/1964 com a Lei nº 8.884/1994, sendo elas aplicadas de forma complementar,

uma vez que a primeira fica limitada ao exame da questão concorrencial como instrumento necessário à defesa do equilíbrio do sistema financeiro, enquanto a segunda cuidaria especificamente da tutela da concorrência.

Outro ponto muito debatido foi a questão da (não) vinculação do CADE ao parecer da AGU. Nesse caso, entendeu o TRF1 que:

> ...a interpretação e aplicação das normas relativas do direito de concorrência cabe ao CADE dizer o que é da sua competência. Entendimento diverso implicaria em não se ter um órgão especializado independente, em contrariedade ao disposto no artigo 50 da Lei antitruste.

O debate chegou ao Superior Tribunal de Justiça. Trata-se do Recurso Especial nº 1.094.218/DF, de relatoria da Ministra Eliana Calmon. Os dois primeiros ministros a votar – a relatora e o Min. Humberto Martins sustentaram ser competência exclusiva do Banco Central, devendo ser acolhida a íntegra do parecer emitido pela AGU, já que ambas as autarquias compõem a Administração Pública Federal e, por isso, devem se submeter àquela orientação.

Já o Ministro Castro Meira defendeu que a competência do Banco Central prevista na Lei Bancária diz respeito tão somente à estrutura do Sistema Financeiro Nacional, e que o disposto no art. 170 da Constituicão Federal confere ao CADE a autoridade para regular a dinâmica concorrencial, incluindo-se aí os atos de concentração financeira.

Após voto do Ministro Humberto Martins, pediu vista o Ministro Herman Benjamin, que trouxe o julgamento para a pauta do dia 25/08/2010, para serem ouvidos ainda os Ministros Mauro Campbell Marques, Benedito Gonçalves e Hamilton Carvalhido.

Em julgamento, prevaleceu o voto da Ministra Relatora Eliana Calmon, que entendeu ser o Banco Central a autarquia competente para apreciar a questão. Restaram vencidos os Ministros Castro Meira e Herman Benjamin, e não participou do julgamento o Ministro Arnaldo Esteves Lima, bem como o Ministro Luiz Fux, este impedido.

A Seção, ao prosseguir o julgamento, entendeu, em consonância com o parecer emitido pela AGU,

> ...que, enquanto as normas da Lei nº 4.595/1964 estiverem em vigor, a competência para apreciar atos de concentração envolvendo instituições integrantes do SFN é do Banco Central. Observou-se que, mesmo considerando-se a Lei do Sistema Financeiro como materialmente ordinária, no tocante à regulamentação

da concorrência, não há como afastar sua prevalência em relação aos dispositivos da Lei Antitruste, pois ela é lei especial em relação à Lei nº 8.884/1994. Anotou-se que a Lei nº 4.595/1964 destina-se a regular a concorrência no âmbito do SFN, enquanto a Lei nº 8.884/1994 trata da questão em relação aos demais mercados relevantes, incidindo, na hipótese, portanto, a norma do art. 2º, § 2º, da LICC.

A decisão permite concluir, conforme orientação jurisprudencial, que a apreciação dos atos de concentração realizados por instituições financeiras será feita pelo Banco Central.

8. O aparente conflito positivo de competência

Ora, diante do exposto, seria possível afirmar que entre a Lei Bancária e a Lei Antitruste existe um conflito positivo de competência, tendo em vista que ambas autorizam as respectivas autarquias que disciplinam a apreciarem atos de concentração promovidos pelas instituições financeiras.

No entanto, entendemos que tal conflito é aparente, sendo perfeitamente possível a convivência entre ambas as autarquias na análise da concorrência no setor bancário brasileiro.

Primeiramente, deve-se frisar que não há que se falar em hierarquia entre ambos os diplomas normativos. Isso porque, a lei que regula o SFN foi recepcionada pela Constituição Federal de 1988 como lei complementar. Já a Lei Antitruste é uma lei tipicamente ordinária. Assim, tratando-se de leis cuja natureza jurídica é distinta, não há que se falar em hierarquia entre elas.

De fato, conforme ensina Fernando Herren Aguillar, "...o que distingue uma da outra é, concomitantemente, o *quorum* de votação e o conteúdo pautado constitucionalmente".[27] De modo que não se pode falar em antinomias entre as normas.

Até porque, como se verifica, embora uma primeira leitura superficial nos leve a crer que existe uma colisão entre as normas, poderiam ambas as autarquias subsistir no âmbito do direito concorrencial das instituições financeiras. Isso porque, em verdade, de acordo com a função de cada uma, atuariam em matérias e momentos distintos.

Nesse sentido, vale citar as conclusões do ex-presidente do CADE, Gesner Oliveira:

> Respeitando a natureza jurídica e o âmbito de competência legal de cada entidade, ao Banco Central caberá instruir os processos administrativos visando à apuração

---

27. Aguillar, Fernando Herren. Competência e Especialização de Funções em Matéria Concorrencial. *In*: Campilongo, Celso Fernandes; Rocha, Jean Paul Cabral Veiga da; Mattos, Paulo Todescan Lessa (Coord.). *Concorrência e Regulação no Sistema Financeiro*. São Paulo: Max Limonad, 2002, p. 89.

de conduta infrativa à ordem econômica, bem como emitir parecer legal acerca dos efeitos – de determinada fusão ou aquisição – sobre a defesa da concorrência. Ao CADE, por sua vez, caberá apreciar, como instância decisória administrativa, os processos instaurados pelo Banco Central, bem como os requerimentos de aprovação de ato ou contrato previsto no artigo 54 da Lei 8.884/94.[28]

De qualquer forma, deixar a cargo do Poder Judiciário, cuja função é dar fim aos conflitos em um processo de perde-ganha (já que se está diante de um jogo onde um necessariamente deve ganhar e outro, necessariamente, deve perder), não nos parece a melhor forma de resolver o conflito.

Nesse caso, o Poder Judiciário não se apresenta como a melhor via para resolver a questão. Nele estabeleceu-se a quem compete apreciar os atos de concentração das instituições financeiras e isso, necessariamente, esvaziará o âmbito de atuação nesse setor daquela que não foi eleita, no caso o CADE.

A orientação adotada pelo Superior Tribunal de Justiça, de fato, contraria o diploma que não fundamentou a decisão judicial, no caso a Lei nº 8.884/1994, já que ambas as autarquias, como visto, têm sua competência para atuação no setor bancário prevista nas leis que as regem, ou seja, em princípio, ambas estão autorizadas a julgar os atos de concentração das instituições financeiras.

Ao acolher esse entendimento, admite o Tribunal não ser viável harmonizar as competências das autarquias.

9. A insegurança jurídica e econômica causada pelo conflito

A indefinição acerca da competência entre o CADE e o Banco Central gera insegurança jurídica e econômica no que se refere à aprovação de atos de concentração das instituições financeiras. De fato, os agentes do sistema financeiro não sabem a quem se dirigir e, por isso, acabam submetendo suas operações às duas autarquias, o que pode piorar o quadro, pois é possível que delas emanem decisões diametralmente opostas.

Daí decorre a insegurança jurídica aludida. Ter conhecimento e poder estudar o órgão que irá julgar uma demanda em que se está envolvido é um dos princípios norteadores do Estado Democrático de Direito. É por isso que se veda o tribunal *ad hoc*.

Quando duas entidades se dizem competentes para apreciar uma mesma demanda, está o jurisdicionado ou, no caso, o administrado, submetido a uma situação de insegurança jurídica extrema. A quem deverá se dirigir primeiro? Qual das decisões deverá acolher, na hipótese de serem ambas conflitantes? O Poder Judiciário é uma instância recursal, na hipótese de a decisão não lhe ser favorável?

---

28. Oliveira, Gesner. *Defesa da concorrência e regulação*: o caso do setor bancário. São Paulo: NPP, 2000, p. 44.

O conflito também gera um impacto econômico negativo. Isso porque, a indefinição quanto à autoridade competente pode gerar consequências negativas sob o ponto de vista negocial, causando incerteza nas relações estabelecidas e/ou afastando possíveis investimentos privados, o que frearia o desenvolvimento do setor.

Nesse sentido, Aline Lícia Klein afirma que, *verbis*:

> (...) quando a legislação em vigor é passível de gerar controvérsias tão intensas, acaba sendo instaurado um ambiente de insegurança jurídica e também econômica. Operações que já foram analisadas, aprovadas pelo BACEN e implementadas pelas instituições podem vir a ser questionadas pelo CADE, não se descartando que os entes de regulação setorial e de defesa da concorrência se manifestem de modo antagônico.
>
> Daí a necessidade de uma definição legislativa para a questão, estabelecendo-se com clareza as competências do ente regulador setorial e do ente de defesa da concorrência.[29]

Vale trazer o entendimento da Desembargadora do TRF da 1ª Região, Dra. Selene Maria de Almeida, relatora do já citado AMS nº 2002.34.00.033475-0/DF impetrado pelo Banco BCN S/A e Banco Bradesco S/A contra suposto ato ilegal do Presidente do CADE:

> A regulamentação e a fiscalização do sistema financeiro é de suma relevância para o mercado porque **os investidores**, sejam grandes ou pequenos, **só se sentem seguros se as instituições onde têm seus valores são confiáveis. A insegurança e a desconfiança relativamente aos agentes financeiros, que operam regularmente, podem ser desastrosas para o mercado**. Enfim, é público e notório que o ambiente do crédito tem que ser organizado, transparente, seguro e confiável. (destacamos)

Ainda que já se tenha uma possível orientação dada pelo Superior Tribunal de Justiça, fato é que a legislação vigente ainda permite que o CADE possa apreciar os atos de concentração das instituições financeiras, mantendo a insegurança, jurídica e econômica, presente.

Assim, entendemos que a controvérsia só se resolverá definitivamente mediante alteração do texto legal.

---

29. Klein, Aline Lícia. Conflito de competência entre CADA e BACEN: comentários a acórdão do TRF – 1ª Região. *Informativo Justen, Pereira, Oliveira e Talamini*, Curitiba, nº 8, out. 2007. Disponível em: <http://www.justen.com.br//informativo.php?&informativo=8&artigo=309&l=pt>.

10. Uma possível solução: os Projetos de Lei nº 265/2007[30] e nº 6/2009

Até o momento, duas são as propostas de solução ao deslinde fora do âmbito judiciário. Trata-se dos Projetos de Lei nº 265/2007 e nº 6/2009, ambos em curso na Câmara dos Deputados.

A ideia de uma atuação conjunta para resolução do conflito resultou na elaboração do Projeto de Lei nº 265, de 2007, e retomou a discussão sobre a proposta de criação de uma agência reguladora: a Agência Nacional de Defesa do Consumidor e da Concorrência. Nesse momento, membros da CADE e do Banco Central tiveram a oportunidade de debater o tema da concorrência no sistema financeiro nacional.[31]

Uma medida sugerida pelo grupo é sobre a inclusão de um artigo (54-A) na Lei Antitruste. Tal dispositivo disporia sobre a competência privativa do Banco Central para decidir sobre atos de concentração que envolve instituições financeiras.

O CADE nesse caso seria apenas ouvido sobre a questão e não teria competência para decidir sobre violação que envolva atos de concentração, tendo em vista a posição que caberá ao BACEN a partir da adoção do citado dispositivo. O argumento utilizado no caso foi justamente o da segurança jurídica nos atos de concentração que podem desestabilizar o sistema financeiro nacional.

No relatório da Comissão de Desenvolvimento Econômico, Indústria e Comércio, sobre o Projeto de Lei nº 265/2007 verifica-se que existe tanto o reconhecimento da necessidade da submissão da matéria ao CADE quanto a preocupação com a segurança das relações negociais ao conferir ao Banco Central a responsabilidade de avaliar preliminarmente os casos em que haveria necessidade de análise por parte do CADE.

Embora inúmeras questões tenham sido suscitadas considerando o conflito exposto no presente trabalho e, ainda, que foram válidos os esforços empreendidos pelas autarquias (CADE e Banco Central) no grupo de trabalho que debateu o Projeto de Lei nº 265/2007, o referido projeto encontra-se sem movimentação desde 30 de janeiro de 2008.[32]

---

30. Altera a Lei nº 4.595, de 31 de dezembro de 1964, e a Lei nº 8.884, de 11 de junho de 1994, para definir, como competência do Conselho Administrativo de Defesa Econômica – CADE, a defesa da concorrência no Sistema Financeiro Nacional, e dá outras providências.
31. "Darwin Corrêa, membro do Grupo de Trabalho, relata que apesar de o projeto não ter tido seguimento, o contato entre os membros da equipe técnica de ambos os órgãos foi produtivo, pois permitiu às autarquias apresentar seus argumentos concernentes ao que cada uma considerava ser o modelo desejável de repartição de competências na implementação da regulação prudencial e da política antitruste no setor bancário." Disponível em: <http://www.arcos.org.br/artigos/conflito-positivo-de-competencias-entre-cade-e-bacen/>.
32. Despacho – "às comissões de Desenvolvimento Econômico, Indústria e Comércio; Finanças e Tributação (Mérito e Art. 54, RICD) e Constituição e Justiça e Cidadania (Art. 54 RICD). Proposição sujeita à apreciação do Plenário Regime de Tramitação: prioridade (íntegra).

Já o segundo Projeto de Lei nº 6/2009 tem como objeto a reestruturação do CADE e da SDE, não havendo qualquer menção quanto ao que dispõe a Lei Bancária. Ele prevê a atuação das agências reguladoras como instituições que colaborariam com os processos em trâmite no CADE, seja elaborando pareceres, prestando informações ou atuando como assistentes. Tudo sob pena de responsabilidade.

A questão não tem sido vista com bons olhos por alguns, sobretudo pelos dirigentes das agências reguladoras, que querem a exclusão do dispositivo que a prevê (§ 3º do art. 9º do Projeto). Segundo eles, tal medida:

> ...causaria constrangimentos ao relacionamento entre os órgãos e entidades envolvidos no processo e ensejaria conflitos de competência e insegurança jurídica. Ademais, observa-se que a questão de responsabilidade está adequadamente tratada em outros diplomas legais.[33]

11. Considerações finais

A ideia de um procedimento conjunto nos parece o melhor arranjo institucional a ser adotado, sob pena de se perderem conhecimentos e experiências importantes no setor bancário.

Como visto, a função do Banco Central hoje é a gestão do Sistema Financeiro Nacional, funcionando como guardião das reservas monetárias e controlador da moeda e do crédito.

Não a exemplo do que estabelecido nos EUA e no Japão, em que a competência é concorrente e, por isso, ou uma ou outra atua. Melhor seria que ambas as autarquias pudessem atuar conjuntamente, apreciar o mesmo ato de concentração e contribuir com a sua *expertise*.

Como dito, o que distingue as autarquias é a sua função no ordenamento: enquanto o BACEN tem por finalidade a guarda do sistema financeiro nacional, cumpre ao CADE coibir e reprimir atos praticados pelos agentes econômicos que possam violar a ordem econômica e prejudicar a livre concorrência.

Dessa forma, o que se propõe é um desenho institucional no qual as autarquias, atuando em momentos distintos e enfoques diversos, poderão dar ao administrado e à sociedade a melhor medida a ser adotada.

E isso aconteceria mediante uma verificação preliminar feita pelo Banco Central que autorizaria ou não a operação financeira, após análise de critérios objetivos. Em seguida, cumpriria ao CADE estabelecer os parâmetros a serem observados pelas instituições financeiras para dar início ao novo empreendimento. Tais parâmetros

---

33. Ata da 34ª Reunião Extraordinária da Comissão de Infraestrutura. Disponível em: <webthes.senado.gov.br/sil/Comissoes/Permanentes/.../20090923EX035.rtf>. Consulta realizada em 08/12/2009.

se pautariam no que de melhor o Conselho sabe fazer: a defesa dos interesses do consumidor final.

Aqui, iniciaria a análise sobre a definição de mercado relevante, a dimensão geográfica para estabelecer quantas agências bancárias poderiam pertencer ao novo grupo financeiro, a possibilidade de exercício do poder de mercado e de que forma ele poderia ser evitado, a possibilidade de congelamento do crescimento do grupo etc. Ou seja, caberia ao CADE condicionar a transformação das instituições financeiras, sempre sob a ótica do consumidor final.

Dessa forma, ambas as autoridades contribuiriam para o desenvolvimento do sistema financeiro, sem olvidar do seu principal interessado: o consumidor final.

12. Referências

BUSSAD, Marcos Roberto. *Análise sobre a competência para julgamento de fusões de instituições bancárias – CADE ou BACEN*. Disponível em: <http://www.bussabadvogados.com.br>.

CAMPILONGO, Celso Fernandes; ROCHA, Jean Paul Cabral Veiga da; MATTOS, Paulo Todescan Lessa (Coord.). *Concorrência e Regulação no Sistema Financeiro*. São Paulo: Max Limonad, 2002.

CARVALHO, Vitor Aguiar. *Análise dos Atos de Concentração no Setor Bancário*: um estudo motivado pelas recentes fusões no mercado brasileiro. Disponível em: <http://www.esaf.fazenda.gov.br/esafsite/premios/SEAE/arquivos/monografias_2006/defesa/1_lugar_Tema_1-Estudante-Vitor.pdf>.

DUTRA, Pedro. *Conversando com o CADE*. São Paulo: Singular, 2009.

FORGIONI, Paula A. *Os Fundamentos do Antitruste*. São Paulo: Revista dos Tribunais, 2005.

GOMES, Luiz Souza. *Bancos Centrais e Instituições Internacionais de Crédito*. Rio de Janeiro: Fundação Getulio Vargas, 1967.

KLEIN, Aline Lícia. Conflito de competência entre CADE e BACEN: comentários a acórdão do TRF – 1ª Região. *Informativo Justen, Pereira, Oliveira e Talamini*, Curitiba, nº 8, out./2007. Disponível em: <http://www.justen.com.//informativo.php&informativo=8&artigo=309&I=pt>.

NETO, Miguel Arcanjo. "Defesa da Concorrência no Sistema Financeiro: uma proposta de divisão de atribuições". 2º Lugar – Defesa da Concorrência, 2006. Disponível em: <http://www.esaf.fazenda.gov.br/.../2_Lugar-Profissionais-Tema_Defesa-Miguel.pdf>.

MESQUITA JÚNIOR, Sidio Rosa de. *O Cade, o Bacen e o Sistema Financeiro*. Disponível em: <http://jus2.uol.com.br/doutrina/texto.asp?id=2789>.

OLIVEIRA, Gesner. *Defesa da concorrência e regulação*: o caso do setor bancário. São Paulo: NPP, 2000. Disponível em: <http://www.eaesp.fgvsp.br/AppData/Article/SetorBancario.doc>.

SALGADO, Lucia Helena. *Análise da concentração bancária sob o prisma da concorrência.* Disponível em: <http://www.lhsconsultoria.com.br/pdfs/bacen_e_cade.PDF>.

SALOMÃO FILHO, Calixto. *Direito Concorrencial:* as estruturas. São Paulo: Malheiros, 2007.

WALD, Arnoldo. A Concorrência no setor bancário. *Revista de Direito Bancário do Mercado de Capitais e da Arbitragem.* Ano 6, abr.-mai. 2003, cap. 6. São Paulo: Revista dos Tribunais.

5

Responsabilidade penal dos administradores das instituições financeiras

GENICY DE ARAUJO SENA

1. Introdução; 2. Antecedentes históricos; 3. Conceito de Instituição Financeira; 4. Espécies de gestão que implicam na responsabilidade dos administradores de instituição financeira; 4.1. Gestão fraudulenta; 4.2. Gestão temerária; 5. Consumação da gestão criminosa; 6. Relevância da responsabilização penal dos administradores para a economia brasileira; 7. Dificuldades experimentadas na aplicação da Lei n° 7.492/1986; 8. Considerações finais; 9. Referências

1. Introdução

Abordaremos neste texto, com base na Lei n° 7.492/1986, que define os crimes contra o Sistema Financeiro Nacional, duas condutas praticadas pelos administradores de instituições financeiras consideradas criminosas, quais sejam, a gestão fraudulenta e a gestão temerária. Tais práticas encontram-se tipificadas no art. 4°, *caput* e parágrafo único, respectivamente, do referido diploma legal.

Para tanto, iniciaremos nossa apresentação com os antecedentes históricos desses tipos, partindo em seguida para os posicionamentos quanto às suas caracterizações e formas de consumação. Ressaltaremos, ainda, a importância da punibilidade dos administradores das instituições financeiras para a manutenção da harmonia do mercado econômico da sociedade brasileira.

2. Antecedentes históricos

Os primeiros documentos legais a tratarem da responsabilidade dos administradores das instituições financeiras não imputavam a seus infratores consequências de ordem penal. Referem-se a sua responsabilidade civil. Entre esses diplomas estão:
a) o Decreto-Lei nº 9.328/1946, regendo a responsabilidade dos diretores de bancos e casas bancárias sujeitas à liquidação, concordata ou falência;
b) a Lei nº 1.808/1953, tratando da responsabilidade solidária dos diretores e dirigentes das instituições bancárias; e, posteriormente;
c) o Decreto-Lei nº 448/1969 e Decreto-Lei nº 685/1969, o qual substituiu a arrecadação e o sequestro dos bens dos administradores pela indisponibilidade dos mesmos.

Ainda em vigor, a Lei nº 6.024/1974 trata da responsabilidade civil dos administradores e membros do Conselho Fiscal das instituições sob intervenção ou liquidação extrajudicial.

A responsabilidade civil, contudo, não se demonstrou suficiente para sanar o mercado das condutas lesivas praticadas pelos administradores. Assim, no ordenamento jurídico brasileiro há também previsões na esfera criminal para certas condutas dos administradores quando na função de gestores das instituições financeiras.

O autor Carlos Tórtima (2001, p. 30) nos ensina que os administradores já recebiam punição com a aplicação do Decreto-Lei nº 7.661/1945, antiga Lei de Falência, quando "praticavam operações de puro acaso, como jogos de qualquer espécie, fato que ocorrendo reiteradamente, no âmbito da instituição financeira, poder-se-ia amoldar à gestão temerária".

A Lei nº 4.595/1964, editada para incriminar algumas condutas atentatórias ao Sistema Financeiro Nacional, dispunha sobre a política e as instituições monetárias, bancárias e creditícias. Ademais, criou o Conselho Monetário Nacional, órgão coordenador das políticas econômica e financeira do Estado e órgão normativo superior do Sistema Financeiro Nacional.

Os dispositivos penais desta lei, contudo, foram revogados pela Lei nº 7.492/1986, atualmente em vigor. Segundo a doutrina, devido à dificuldade de adoção das normas previstas no Código Penal brasileiro diante da crescente criminalidade provocadora de danos materiais para o Sistema Financeiro Nacional, editou-se a referida lei com o objetivo de melhor punir tais criminosos. Esta lei tipifica os comumente chamados crimes de colarinho branco, praticados no âmbito de instituições financeiras. Passamos, então, a conceituar estas.

3. Conceito de Instituição Financeira

Segundo José Paulo Baltazar Júnior (2009, p. 296), o Sistema Financeiro Nacional é:

> ... o conjunto de órgãos, entidades e pessoas jurídicas que lidam com o fluxo de dinheiro e títulos, incluindo todas as atividades que envolvam circulação de valores, incluindo os mercados financeiro em sentido estrito, de crédito, de câmbio e de capitais, bem como os seguros, consórcio, capitalização ou qualquer tipo de poupança. Inserem-se os bancos, a bolsa de valores, casas de câmbio, corretoras, empresas de consórcio, de seguros e financeiras.

A Lei nº 7.492/1986, no seu art. 1º, apresenta o conceito de instituição financeira para fins penais como sendo:

> ...a pessoa jurídica de direito público ou privado, que tenha como atividade principal ou acessória, cumulativamente ou não, a captação, intermediação ou aplicação de recursos financeiros (vetado) de terceiros, em moeda nacional ou estrangeira, ou a custódia, emissão, distribuição, negociação, intermediação ou administração de valores mobiliários.

Conforme nos preleciona a doutrina, a lei em comento tem como objeto jurídico, precipuamente, tutelar a estabilidade e a higidez do Sistema Financeiro Nacional, bem como garantir o resguardo do patrimônio dos investidores e com isso garantir a sua credibilidade, consequentemente protegendo o mercado de possíveis quebras das instituições, o que poderia prejudicar o bom andamento da política econômica do governo.

O mesmo dispositivo, no seu parágrafo único, equipara às instituições financeiras:

> I – a pessoa jurídica que capte ou administre seguros, câmbio, consórcio, capitalização ou qualquer tipo de poupança ou recursos de terceiros;
> II – a pessoa natural que exerça qualquer das atividades referidas, ainda que de forma eventual.

4. Espécies de gestão que implicam na responsabilidade dos administradores de instituição financeira

No âmbito dessas instituições financeiras, os administradores praticam uma diversidade de condutas, algumas das quais lesivas à instituição e ao Sistema Financeiro Nacional como um todo. Contudo, forçoso diferenciar os simples atos de gestão malsucedidos da gestão efetivamente criminosa, tal como tipificada na lei em comento.

Os tipos penais tutelados por essa lei não são, exclusivamente, crimes contra o patrimônio, pois são delitos que afetam a coletividade, ou seja, têm uma lesão difusa. Em realidade, conforme já explicitado anteriormente, o objetivo precípuo deste diploma é a higidez do Sistema Financeiro Nacional, a confiança dos investidores nesse sistema e, indiretamente, a própria proteção da economia nacional.

Parte da doutrina defende que o art. 192 da Constituição Federal de 1988 foi o dispositivo que deu atenção maior ao Sistema Financeiro Nacional, garantindo que a lei que ora comentamos fosse recepcionada pela Carta Magna.

Dispositivo de grande importância para a análise que nos propomos sobre as espécies de gestão é o art. 25 da Lei nº 7.492/1986, que define o sujeito ativo das gestões fraudulenta e temerária, ou seja, dispõe que tais delitos são próprios, porque somente cometidos pelos controladores, administradores, gerentes, diretores, interventores, liquidantes ou síndicos de instituições financeiras:

> *Art. 25. São penalmente responsáveis, nos termos desta lei, o controlador e os administradores de instituição financeira, assim considerados os diretores, gerentes (vetado).*
> *§ 1º Equiparam-se aos administradores de instituição financeira (vetado) o interventor, o liquidante ou o síndico.*

Alguns doutrinadores defendem que o artigo acima mencionado não determina a responsabilização objetiva dos sujeitos ativos, de maneira que se faz necessária a comprovação de sua culpa, isto é, a responsabilidade desses administradores é subjetiva.

É visível que o legislador considerou a figura do administrador como de suma importância para o bom andamento das atividades nas instituições financeiras. Acreditamos que este desempenha um papel social de relevância para o equilíbrio econômico de uma sociedade. Por isso, primamos pelo estudo sobre a sua responsabilidade como gestores.

Encontram-se tipificadas penalmente na lei em comento as gestões fraudulenta e temerária, sobre as quais teceremos alguns comentários no intuito de explicar com mais aprofundamento a responsabilidade penal dos referidos administradores.

4.1. Gestão fraudulenta

Delito previsto no art. 4º da Lei nº 7.492/1986, consiste em "gerir fraudulentamente instituição financeira". Para Paulo Baltazar (2009, p. 320), gerir fraudulentamente é "administrar com má-fé, de forma dirigida ao engano de terceiros, sejam eles sócios, empregados, investidores, clientes ou a fiscalização" e nos termos do entendimento do TRF da 3ª Região (HC 98.03.1133-9/SP), "gestão fraudulenta é aquela em que o administrador utiliza, continuada e habitualmente, na condução dos negócios sociais, artifícios, ardis ou estratagema para pôr em erro outros administradores da instituição e seus clientes".

Entre outros, trazemos três exemplos de gestão fraudulenta citados por José Paulo Baltazar Júnior (2009, p. 322) na sua obra sobre os crimes federais:

a) transferência ilegal de valores da conta de empresa de consórcio de veículos (instituição financeira) para conta de outra empresa, com destino diverso, objetivando vantagem indevida para o agente (o diretor) da segunda empresa, prejudicando os consorciados, que, por essa razão, não puderam receber seus automóveis;

b) nas modalidades de movimentação de recursos, paralelamente à contabilidade legalmente exigida, e negociação de valores mobiliários sem prévio registro de emissão junto à autoridade competente;

c) compra superfaturada de ações de baixa liquidez.

Ressaltamos que, conforme informa o autor, a conduta do agente nesse delito é dolosa, ou seja, é necessário que o sujeito tenha a vontade livre e consciente de praticar a gestão fraudulenta. Contudo, como é considerado um delito formal e de perigo, queda-se desnecessária a efetiva ocorrência de dano, bastando conduta do agente que sujeita ao perigo a instituição financeira.

Apesar de a exigência de efetivo prejuízo encontrar posições divergentes dentre os estudiosos do direito penal econômico, seguimos com o magistrado de Fausto De Sanctis (2003, p. 58):

> Não se pode deixar de afirmar que a caracterização dos delitos de gestão fraudulenta e temerária somente ocorre após a constatação de prejuízo ou da prática de ato potencialmente lesivo ao bem jurídico. Em ambas as hipóteses, a reprimenda penal justifica-se ao se levar em conta a lesão do bem jurídico protegido, a confiança do sistema e o patrimônio de terceiros, não sendo de supor imprescindível o efetivo prejuízo material, mas o desvalor da conduta em face do que deseja o legislador tutelar.

4.2. Gestão temerária

Este crime encontra-se previsto no parágrafo único do já estudado art. 4º da Lei nº 7.492/1986. Diferentemente da gestão fraudulenta, a gestão temerária tem como característica basilar a gestão "excessivamente ousada, impetuosa" (TRF 4ª Região). O dispositivo tem como bem jurídico tutelado a higidez do Sistema Financeiro Nacional e não o risco da própria instituição.

Tal como a gestão fraudulenta, é um crime próprio, porque praticável somente pelos sujeitos previstos no art. 25, da Lei nº 7.492/1986, como já mencionados anteriormente.

Segundo doutrinadores, "a gestão temerária é caracterizada pela abusiva conduta, que ultrapassa os limites da prudência, arriscando-se o agente além do permitido mesmo a um indivíduo arrojado". É o comportamento afoito, arriscado, atrevido (Baltazar, 2009, p. 328 *apud* Pimentel, p. 58).

Nas palavras de Luiz Regis Prado (2009, p. 162), citando Leonardo Henrique Mundim Moraes Oliveira (1999, p. 51):

> Distingue-se a gestão fraudulenta da gestão temerária no sentido de que "naquela se praticam atos ardilosos e bem orquestrados para a efetivação oculta de negócio naturalmente ilegal, enquanto nesta se submetem a riscos excessivos e irresponsáveis o patrimônio dos correntistas e investidores, que outrora confiaram nos freios da ousadia da Instituição Financeira".

Baltazar (2009, p. 296-299) entende que as instituições financeiras têm um risco permitido. Na gestão temerária, contudo, o risco assumido viola as regras instituídas para a atuação dos administradores pelo Banco Central e pelo Conselho Monetário Nacional, pois, segundo o autor:

> ...tais instituições estabelecem princípios e limites ao empenho de pecúnia, como a seletividade de investimentos e diversificação dos riscos, a multiplicidade de clientes e a obrigatoriedade de respeito a garantias e requisitos básicos nas operações de crédito pré-aprovado e nos financiamentos. Referidos postulados zelam por um fator de cautela imposto após estudos abstratos acerca do nível mínimo de segurança, necessário, em tese, à perenidade e à credibilidade das Instituições financeiras.

Assim, Baltazar (2009, p. 330) nos apresenta alguns exemplos:

> a) autorização para empréstimo a empresa reconhecidamente inadimplente;
> b) quando "o agente aplica o dinheiro que lhe é dado pelo cliente para ser depositado em caderneta de poupança em conta-corrente livre, ainda que seja com o propósito de salvar a instituição que dirige".

A gestão temerária também é um delito cujo tipo subjetivo é doloso, ou seja, tal como exigido na gestão fraudulenta, é necessário que o agente do crime atue com a vontade livre e consciente de "gerir sem escrúpulos" e de maneira audaciosa a instituição financeira, pondo-a em risco ao realizar suas transações perigosas.

Ressaltamos que as gestões estudadas, fraudulenta e temerária, foram objeto de preocupação do legislador no art. 3º, IX, da Lei de Economia Popular (Lei nº 1.521/1951), todavia sem que o legislador distinguisse uma da outra, o que coube à Lei nº 7.492/1986.

5. Consumação da gestão criminosa

Quanto à consumação da gestão fraudulenta e da gestão temerária, o entendimento majoritário da doutrina e da jurisprudência é que ambas são crimes de natureza formal, ou seja, não dependem de qualquer resultado, bastando que a conduta do agente infrator se amolde à tipificação penal.

Entretanto, há divergências quanto à necessidade de a conduta do administrador ser habitual para a consumação do delito. Numa primeira posição, tal habitualidade é dispensada, bastando uma única conduta para que se configure como crime.

Considera-se minoritária a defesa de que basta uma única conduta para a consumação dos delitos. Aqueles que entendem que as duas modalidades de gestão não podem ser consideradas delitos habituais, argumentam que nos delitos habituais uma conduta isolada é considerada atípica, o que não acontece com o delito de gestão fraudulenta e de gestão temerária, pois para eles, fraudar ou gerir arriscadamente, sem limites, ainda que a conduta seja isolada, já se enquadra no tipo penal.

Nesse sentido, Tigre Maia entende que a conduta fraudulenta do administrador representa um crime habitual impróprio, ou seja, em que uma única ação tem relevância para configurar o tipo, contudo a sua reiteração não configura pluralidade de crimes.

A corrente majoritária, por outro lado, prima pela pluralidade de atos, ou seja, para a consumação do delito deve haver a prática de vários atos fraudulentos ou temerários, caracterizando-se as gestões como crimes habituais.

Perfilham desse entendimento, entre outros, João Mestieri, Juliano Breda, citados por José Carlos Tórtima e José Paulo Baltazar Júnior. Ainda nesse sentido encontramos posicionamentos nos tribunais federais, como no TRF 3º; HC 98.03.081133-9 SP; Oliveira Lima; 1ª Turma; TRF 4º; AC 2001.04.01.071730-8-PR; Elcio Pinheiro de Castro, 8ª Turma.

6. Relevância da responsabilização penal dos administradores para a economia brasileira

Conforme explicamos anteriormente, o objetivo da Lei nº 7.492/1986 não se presta tão somente a tutelar o patrimônio das instituições financeiras. Em verdade, seu objetivo é muito maior, buscando a proteção de todo o Sistema Financeiro Nacional. Contudo, sendo esse mero conceito abstrato, necessário explicar em que sentido esse precisa ser defendido.

A sociedade capitalista tem como uma de suas características a diversificação das atividades socioeconômicas e a complexidade das relações negociais, "havendo a necessidade de tutela de valores transindividuais ou difusos, como forma de garantia da convivência social e o asseguramento do bem-estar de todos os cidadãos" (Fausto Martin, 2003, p. 149).

Foi nesse sentido que o legislador se preocupou com a tutela, como referido quando da análise das gestões criminosas, de bens jurídicos que Fausto Martins de Sanctis denomina como supraindividuais, o que os leva a serem considerados indisponíveis.

A importância da responsabilização dos administradores encontra-se na necessidade de estabelecer a confiança dos agentes econômicos no sistema financeiro e a credibilidade na integridade das instituições que diretamente influenciam a economia do país.

Fábio Ulhoa Coelho (2002, p. 244-246) entende que a responsabilidade dos administradores de sociedades, aqui a instituição financeira, torna-se significativa tendo em vista os deveres de diligência e lealdade, como preceitos gerais aplicáveis a qualquer pessoa incumbida de administrar bens ou interesses alheios, sob pena de causar sérios danos à sociedade, que precisa confiar na instituição, bem como ao desenvolvimento da economia, visto que esta depende dos agentes econômicos para que se sustentem e estabeleçam os negócios peculiares a cada especialidade de instituição, seja de seguro, bancos, consórcios, dentre outros.

7. Dificuldades experimentadas na aplicação da Lei nº 7.492/1986

Apesar de nobre o intento do legislador ao promulgar a Lei nº 7.492/1986, buscando precisamente a concretização dos diversos preceitos constitucionais já mencionados e tendo em mente a necessidade de higidez do Sistema Financeiro Nacional, o diploma encontra sua eficácia severamente limitada em nosso país, por uma série de fatores que não necessariamente nos são exclusivos.

Cláudia Maria Cruz Santos (2001, p. 287-288), da Universidade de Coimbra, em obra dedicada a estudo acerca dos crimes de colarinho branco, constatou com propriedade:

> De qualquer modo, seja qual for a modalidade de crime de colarinho branco, cremos que os fatores psicológicos terão sempre uma grande carga sociológica, sendo já um produto condicionado pelo meio. Numa consideração integrada dos vários factores explicativos do comportamento dos *white-collars*, talvez possamos começar por eles, enquanto motivações íntimas (ainda que potenciadas por um ambiente profissional competitivo, por uma situação econômica problemática, por circunstâncias familiares particularmente exigentes; em suma: *exteriormente forjadas*), que fornecem o impulso para a conduta delituosa. Este impulso, porém, só se actualizará se existirem oportunidades que tal aconteça, o que dependerá, em grande parte, de aspectos organizacionais. E os próprios factores estruturais – como o mau funcionamento do sistema de administração da justiça – que dificultam a detecção e sancionamento do infractor fazem parecer distante e

improvável a punição, encorajando, assim, o agente a seguir os seus impulsos, aproveitando as oportunidades (e será, aliás, a partir do relacionamento entre aquela motivação e as várias oportunidades que o agente poderá optar pelo crime como uma *escolha racional*). Ficam, assim, delimitados os vários pontos que interagem entre si.

Conclui-se, portanto, que são dois os principais fatores a incentivar o cometimento desse tipo de crime, objeto da Lei nº 7.492/1986: de um lado, a pressão sentida pelo indivíduo simplesmente por estar inserido naquele meio, marcado por elevada competitividade e a exigência de obtenção de resultados; de outro, as falhas no sistema de administração da justiça, diminuindo a probabilidade de que o agente infrator seja punido, reduzindo o custo esperado de sua conduta, e incentivando, portanto, o comportamento criminoso.

Se, por um lado, não é possível afastar esse fator psicológico, tendo em vista que é intrínseco ao próprio regime capitalista, baseado no livre mercado e na livre iniciativa, sem dúvidas é necessário compreender que eventual baixa efetividade da Lei nº 7.492/1986 decorre, sobretudo, de um problema de organização da justiça. Nisso compreende-se não só a postura do Poder Judiciário frente a esses infratores como também a própria forma como a Lei nº 7.492/1986 encontra-se atualmente formulada.

8. Considerações finais

Com a responsabilização dos maus gestores estar-se-á fomentando um maior desenvolvimento econômico e social, aumentando-se a integridade e a circulação de riquezas no País. Assim, os administradores precisam atuar de maneira que a sociedade possa ter confiança nas instituições, produzindo reflexos na própria economia nacional.

Entendemos que os nossos legisladores preocuparam-se com o fortalecimento da credibilidade da coletividade nas instituições financeiras, que desempenham suas funções a partir da administração de recursos de terceiros, pois é importante que tenhamos o cuidado de garantir àqueles que procuram negociar com tais instituições a segurança de que estas são leais nas suas atividades e com isso garantir também o progresso econômico-financeiro de nosso país.

9. Referências

COELHO, Fábio Ulhoa. *Curso de Direito Comercial*. 5. ed., v. II. São Paulo: Saraiva, 2002.
GOMES, Luiz Flávio. *Código Penal Brasileiro*. 10. ed. São Paulo: Revista dos Tribunais, 2009.

JUNIOR, José Paulo Baltazar. *Crimes Federais*. 4. ed. Porto Alegre: Editora do Advogado, 2009.

OLIVEIRA, L. H. M. M. Crimes de gestão fraudulenta e gestão temerária em instituição financera. RIL, 143, 1999 *apud* PRADO, Luiz Regis. *Direito penal econômico*. 3. ed. São Paulo: Revista dos Tribunais, 2009.

SANCTIS, Fausto Martins de. *Punibilidade no Sistema Financeiro Nacional*. Campinas: Millennium, 2003.

SANTOS, Cláudia Maria Cruz. *O Crime de Colarinho Branco* – da origem do conceito e sua relevância criminológica à questão da desigualdade na administração da justiça penal. Coimbra: Coimbra Ed., 2001.

TÓRTIMA, José Carlos. *Crimes contra o Sistema Financeiro Nacional* – uma contribuição ao estudo da Lei nº 7.492/86. 2. ed. Rio de Janeiro: Lumen Juris, 2002.

Considerações finais

NOTAS SOBRE CONCORRÊNCIA E REGULAÇÃO
NO SETOR BANCÁRIO NACIONAL

PATRÍCIA SAMPAIO
ANDRÉA LAVOURINHA[1]

1. Introdução; 2. Regulação bancária, concorrência e risco sistêmico; 3. A regulação do setor bancário; 4. Concentração e concorrência no setor bancário brasileiro; 5. O debate acerca da competência para análise de operações de concentração bancária no Brasil; 6. Considerações finais; 7. Referências

1. Introdução

O presente livro congrega vários ensaios acerca da concorrência e da regulação do sistema financeiro.

Como o leitor teve oportunidade de observar, trata-se de tema que perpassa várias questões de elevada complexidade: têm-se mercados em que os agentes econômicos possuem grande interdependência e no qual a confiança na higidez das instituições se apresenta fundamental para sua sobrevivência.[2]

---

1. É professora da FGV Direito Rio, pesquisadora do Centro de Estudos em Direito e Economia – CPDE/FGV, mestre e doutoranda pela Faculdade de Direito da Universidade de São Paulo – USP. Andréa Lavourinha é estagiária do CPDE/FGV e aluna do curso de Bacharelado em Direito da FGV Direito Rio. As autoras agradecem os comentários de Fernando Penteado a uma versão preliminar deste artigo. Eventuais erros e omissões remanescentes devem ser atribuídos unicamente às autoras.
2. Referindo-se especificamente à crise de 2008, Akerlof e Shiller observaram: "O segmento do sistema financeiro que iniciou empréstimos, e depois os passou adiante, era frágil. Ele desmoronou. (...) a confiança desapareceu. As pessoas passaram a desconfiar de operações que elas tinham previamente realizado aos montantes dos trilhões de dólares. E a história mudou".

Dadas essas características, indagar sobre o papel que a concorrência pode e deve desempenhar nesse setor não é tarefa de simples elucidação, pois costumam surgir argumentos no sentido de que, quanto maior a participação de mercado detida por uma instituição financeira, mais sólida ela seria; por conseguinte, mas hígido seria o sistema.[3] Por outro lado, encontram-se alegações de que, quanto mais competitivo for um mercado, mais organizadas e saudáveis deverão ser os agentes que dele participam, sendo ainda menor o risco de que o infortúnio de uma delas possa causar contaminação às demais e ao sistema como um todo.[4]

Por ser um setor tão sensível e essencial à sociedade contemporânea, sua regulação e a quem compete a tutela da concorrência nos seus diversos segmentos constituem matéria de relevante indagação. É acerca desse debate, especialmente no que se relaciona ao setor bancário brasileiro, que o presente artigo pretende tecer breves considerações.

Para esse fim, o texto está dividido em quatro seções.

Na primeira, comenta-se a relação entre concentração bancária e higidez do sistema financeiro, mencionando-se o debate existente acerca de se, nesse setor, mercados mais concentrados tendem a ser mais ou menos propícios a crises sistêmicas.

Na segunda parte, apresentam-se as instituições com competência para regular o Sistema Financeiro Nacional e a adoção, pelo Brasil, das diretrizes propostas pelos Acordos de Basileia.

Em seguida, foca-se especialmente na relação entre regulação e concorrência no setor bancário, de modo a verificar se, no Brasil, esses segmentos apresentam indícios de competição imperfeita e poder de mercado.

No último tópico retoma-se brevemente o tema da divisão de competências entre as autoridades que compõem o Sistema Brasileiro de Defesa da Concorrência – em especial, o Conselho Administrativo de Defesa Econômica – CADE[5] – e o Banco

---

Akerlof, George; Shiller, Robert. *Animal spirits*: how human psychology drives the economy, and why it matters for global capitalism. Princeton: Princeton University Press, 2009, p. 90.

3. Nesse sentido, Thorsten Beck; Asli Demirgüç-Kunt e Ross Levine, utilizando-se de dados de 69 países, de 1980 a 1997, argumentam que crises são menos usuais em economias com sistemas bancários mais concentrados. Beck, Thorsten; Demirgüç-Kunt, Asli; Levine, Ross. *Bank Concentration, Competition, and Crises: First results*. Disponível em: <http://www.econ.brown.edu/fac/Ross_Levine/Publication/Forthcoming/Forth_JBF_3RL_Concentration.pdf>.

4. Lucia Helena Salgado, por exemplo, afirma que, de acordo com relatório do BIS (Banco de Compensações Internacionais), as ondas de concentração bancária não têm sido acompanhadas de ganhos de eficiência, tampouco de redução do risco sistêmico. Segundo o relatório, alega a autora, "quanto mais complexa uma instituição financeira, mais complicada sua eventual liquidação, sem contar a frequente interdependência provocada por participações cruzadas". Salgado, Lucia Helena. Análise da concentração bancária sob o prisma da concorrência. *In*: Campilongo, Celso Fernandes; Veiga da Rocha, Jean Paul Cabral; Mattos, Paulo Todescan Lessa. *Concorrência e Regulação no Sistema Financeiro*. São Paulo: Max Limonad, p. 272.

5. O Sistema Brasileiro de Defesa da Concorrência é composto por três órgãos, a Secretaria de Direito Econômico do Ministério da Justiça – SDE/MJ, a Secretaria de Acompanhamento Econômico do Ministério da Fazenda – SEAE/MF e o Conselho Administrativo de Defesa Econômica – CADE, este último uma

Central do Brasil, no que tange à tutela da concorrência no setor bancário, visto ser essa uma questão que se encontra na ordem do dia.

2. Regulação bancária, concorrência e risco sistêmico

Muito se debate acerca da relação entre o grau de concentração do setor bancário e sua exposição ao risco sistêmico.[6]

Um dos aspectos hoje em dia mais controvertidos no que tange ao sistema financeiro reside em saber se a concentração econômica no setor tem por consequência maior higidez financeira e, portanto, maior segurança ao investidor, ou se, ao contrário, quanto menor a concentração, maior a sua segurança. Estariam as instituições financeiras menos suscetíveis a reveses caso concentrem uma elevada gama dos recursos financeiros? A concentração bancária em grandes conglomerados provoca uma maior higidez que advém da diversificação dos produtos e serviços ofertados por um mesmo grupo econômico e, portanto, uma redução no risco de que o infortúnio em um segmento coloque em xeque toda a instituição? Ou, muito ao contrário, a pulverização do mercado, isto é, a concorrência, traduzida em uma maior quantidade de instituições, traz maior segurança ao investidor?

A fim de compreender melhor tais questões, faz-se necessário conceituar brevemente termos relevantes a esse debate.

O sistema financeiro é composto por uma série de agentes, tais como o Banco Central do Brasil, os bancos comerciais e de investimento, as bolsas de valores, os fundos de investimentos e as companhias de seguro. A relação desses atores com depositantes, tomadores de empréstimos e contratantes dos demais serviços está condicionada às imperfeições do mercado. Como exemplos de tais imperfeições, podem-se mencionar as falhas no canal de transmissão de informação entre os agentes econômicos, os custos de transação, as estruturas de mercado de concorrência imperfeita e as externalidades.[7]

Na ausência de uma regulação bem estruturada, os agentes desse setor estão sujeitos a algumas espécies de risco, definidas no Acordo da Basileia como riscos de mercado, operacional e de crédito.

---

autarquia vinculada ao Ministério da Justiça. Compete ao CADE decidir, em última instância na esfera administrativa, sobre atos de concentração e investigações de condutas anticompetitivas, nos termos da Lei nº 8.884/1994.

6. Os mercados que compõem o setor financeiro da economia estão sujeitos a diversas falhas, tais como competição imperfeita e assimetria de informação, que geram algumas espécies de risco, como o de exercício de poder de mercado e o risco moral. O escopo do presente artigo, no entanto, limita-se a discutir se o risco sistêmico seria uma justificativa para se afastar uma aplicação mais incisiva das normas de defesa da concorrência e, ainda, para afastar a competência dos órgãos de defesa da concorrência sobre esses setores.

7. Júnior, Sabino da Silva Porto; Silva, Everton Nunes. *Sistema financeiro e crescimento econômico*: uma aplicação de regressão quantílica. Disponível em: <http://www.anpec.org.br/encontro2004/artigos/A04A076.pdf>. Acessado em: maio de 2011.

O risco de mercado é inerente às alocações de capital de cada agente econômico em cada tipo de risco (taxa de juros, variação cambial, renda variável e *commodities*), com diferentes graus de incerteza quanto ao seu retorno. Situações de *stress*, tais como desvalorização cambial, aumento do preço de *commodities*, queda da bolsa de valores e aumento de juros podem gerar perdas ao agente em função, por exemplo, de eventual superexposição a taxa de juros, câmbio e, assim, o descasamento entre ativos e prazos.

O risco operacional relaciona-se a perdas imputáveis a falhas de sistemas, pessoas e processos internos da instituição financeira.

Já o risco de crédito relaciona-se à possibilidade de inadimplemento de obrigações das contrapartes de determinada instituição financeira.

Como se pode perceber, os riscos acima mencionados têm por base decisões tomadas individualmente por cada instituição bancária, ao escolherem em quais mercados (produtos) devem investir, como se organizar internamente e a quem emprestar seus recursos.

O risco sistêmico, por sua vez, relaciona-se à possibilidade de transmissão de perdas entre os agentes do mercado por meio do risco de crédito existente em suas relações contratuais. Essa interdependência entre as instituições financeiras pode ser responsável por disseminar aos clientes das outras instituições a sensação de que, se um agente teve uma *performance* ruim e entrou em insolvência, possivelmente os outros atores no mercado sofrem de males semelhantes. Ocorre, então, o abalo da confiança e, por conseguinte, um efeito de contágio, que pode ocasionar uma demanda por saques superior à capacidade dos bancos.[8] Trata-se, portanto, de um risco do mercado como um todo e não de uma instituição específica, razão pela qual sua gestão incumbiria mais propriamente ao regulador do que aos agentes econômicos.

Constatada a insolvência de uma instituição financeira, não se mostra incomum a opção por uma operação de fusão ou aquisição como forma de mitigar o risco de que essa perda individual se propague para todo o mercado. A ideia seria que o aumento do capital acumulado em um único agente atrelado à diversificação dos produtos oferecidos reduziria o risco de que o infortúnio em um segmento de atuação desse agente pusesse em risco toda a instituição e, a partir daí, viesse a contagiar o sistema.[9]

Tais operações, no entanto, terminam por elevar a concentração do setor. E, quanto mais concentrado, maior seria o risco de propagação dos efeitos decorrentes da insolvência de uma instituição específica às demais. Assim, maior concentração

---

8. Martins, Bruno Silva; Alencar, Bruno. Concentração bancária, lucratividade e risco sistêmico: uma abordagem do contágio indireto. Brasília: Banco Central do Brasil, *Texto para Discussão n. 190*, setembro de 2009, p. 5.
9. *Idem*.

bancária tenderia a gerar uma maior percepção do mercado acerca da interdependência entre essas instituições e, portanto, poderia contribuir para a elevação do risco sistêmico.

Parece haver, portanto, uma relação entre concentração e higidez do sistema financeiro, mas a forma como essa se apresenta dá ensejo a controvérsias. Se, por um lado, a concentração pode reduzir o risco isolado em uma instituição – dado permitir a diversificação da carteira de investimentos e produtos oferecidos e, por conseguinte, a compensação de reveses em um segmento com sucessos em outro – de outro, quanto mais concentrado for o setor, maior seria a probabilidade de que o ocaso de uma instituição termine por contaminar as demais, ainda que, antes do evento, essas estivessem equilibradas e pudessem ser consideradas saudáveis.

Em razão da possibilidade de crise sistêmica, por vezes se argumenta no sentido da natureza especial do setor bancário no que respeita à defesa da concorrência e a incompetência dos órgãos de defesa da concorrência para participar das decisões fundamentais sobre concentração no setor. Esse tema será comentado adiante, sob a perspectiva brasileira, após tecermos breves considerações acerca da ordenação institucional da regulação estatal sobre as atividades bancárias.

3. A regulação do setor bancário

A partir da implementação do Acordo da Basileia I (1988), os países signatários passaram a adotar uma análise conjunta única dos fatores e formas de exposição ao risco de crédito.

O Brasil, com intuito de adequar o Sistema Financeiro Nacional a padrões mínimos de liquidez e solvência internacionais, adotou, em 1994, por meio da Resolução nº 2.099 do Conselho Monetário Nacional,[10] o Acordo da Basileia I e vem paulatinamente implementando as medidas estatuídas no Acordo da Basileia II.[11]

Essa regulação tem como pilares o estímulo à adoção das melhores práticas de gestão de riscos, a redução da assimetria de informação e o favorecimento da disciplina de mercado. No Brasil, por exemplo, a Resolução nº 2.099/1994 do CMN limitou a capacidade de alavancagem dos bancos.[12]

---

10. Resolução nº 2.099/2004. Disponível em: <http://www.cnb.org.br/CNBV/resolucoes/res2099-1994.htm>. Acessado em: abril de 2011.
11. Informações disponíveis no endereço eletrônico do Banco Central do Brasil: <http://www.bcb.gov.br/?BASILEIA2>, e do Banco do Brasil – <http://www.bb.com.br/portalbb/page51,136,3696,0,0,1,8.bb?codigoNoticia=7724&codigoMenu=0&codigoRet=5618&bread=9_1_4>. A lista de normas em vigor acerca da implementação do Acordo da Basileia II no Brasil encontra-se disponível em <http://www.bcb.gov.br/?BAS2NORVIG>. O cronograma de implantação atual está definido no Comunicado BACEN 19.028, de 2009. Acessado em: março de 2011.
12. Furtado, Ana Lílian de Menezes. *Acordo da Basileira*: um estudo sobre as suas influências e implementação no sistema financeiro brasileiro. Disponível em: <http://www.portalcse.ufsc.br/gecon/coord_mono/2005.1/

Além do marco regulatório do setor, cumpre mencionar o papel dos agentes responsáveis por gerir o funcionamento do Sistema Financeiro Nacional (SFN).

O Conselho Monetário Nacional constitui o principal órgão normativo com competência para expedir diretrizes gerais para o bom funcionamento do SFN. Dentre suas funções encontra-se a necessidade de zelar pela liquidez e solvência das instituições financeiras,[13] fatores relacionados à manutenção de um sistema hígido e à minimização do risco sistêmico.

Enquanto o Conselho Monetário Nacional constitui o órgão que se encontra no plano normativo da regulação setorial, o Banco Central do Brasil se situa no âmbito da implementação das diretrizes traçadas. Trata-se de autarquia vinculada ao Ministério da Fazenda, criada pela Lei nº 4.595/1964, que tem dentre suas metas o zelo pela adequada liquidez da economia. É responsável por fiscalizar as instituições financeiras, bem como por autorizar-lhes o funcionamento.

As autoridades brasileiras reguladoras do SFN costumam ser elogiadas por sua elevada capacidade técnica e autonomia no desempenho de suas funções. No entanto, cumpre lembrar que, do ponto de vista estritamente doutrinário, a literatura econômica internacional aponta a existência de alguns riscos potenciais inerentes à adoção de regulação estatal por meio de entidades administrativas setoriais específicas para a sua tutela.

Talvez a principal falha regulatória resida na possibilidade da ocorrência de captura, fenômeno que se observa quando, ao invés de promover o interesse público, o órgão regulador termina por implementar regulações que são favoráveis à indústria, que deveria ser por ele fiscalizada. No início dos anos 1970, George Stigler publicou seu famoso artigo no qual sustenta que, ao contrário da tese que era senso comum até então, a regulação da atividade econômica não seria, muitas vezes, sequer elaborada visando ao atendimento de interesses públicos relevantes, mas sim "adquirida pela indústria, além de concebida e operada fundamentalmente em seu benefício".[14]

Nessa perspectiva, quanto mais concentrado é um setor, mais organizados tenderiam a ser os interesses da indústria (traduzidos na expressão "poder econômico"), o que propiciaria a adoção de uma regulação que lhe fosse favorável em detrimento do consumidor.[15] Por essa razão, deveria haver preocupação com o risco de desvio

---

Ana%20Lilian%20de%20Menezes%20Furtado.pdf>. Acessado em: maio de 2011.
13. Informações disponíveis no endereço eletrônico do Banco Central do Brasil, <http://www.bcb.gov.br/Pre/composicao/CMN.asp>. Acessado em: abril de 2011.
14. Stigler, George. Theory of economic regulation. *Bell Journal of Economics and Management Science*, v. 1, primavera de 1971, p. 3-21. Existe tradução para o português: Stigler, George. Teoria da regulação econômica. *In*: Mattos, Paulo (coord.). *Regulação econômica e democracia:* o debate norte-americano. São Paulo: Editora 34, 2004, p. 23.
15. O argumento é aqui trazido de uma perspectiva eminentemente teórica e não traduz qualquer diagnóstico ou ilação acerca do funcionamento do setor bancário brasileiro.

nas funções regulatórias e, nesse sentido, a diluição do poder econômico por meio da promoção da concorrência, assim como a atribuição de competência sobre a prevenção e repressão ao abuso de posição dominante a uma entidade antitruste com competência transversal, isto é, sobre os mais diversos setores da economia, tenderia a ser promotora de bem-estar social.

No Brasil, o setor bancário mostra-se razoavelmente concentrado, conforme apontam os dados abaixo. É possível notar a gradativa redução no número de bancos a partir da década de 1990, inclusive mediante fusões e aquisições realizadas por conglomerados estrangeiros.[16]

Tabela 1: Número de bancos no Brasil – de 1964 a 2003[17]

Ano	Número	Ano	Número	Ano	Número
1964	336	1982	115	1995	242
1966	313	1984	110	1996	231
1968	231	1986	105	1997	217
1970	178	1988	106	1998	203
1972	128	1989	179	1999	193
1974	109	1990	216	2000	192
1976	106	1992	234	2001	182
1978	107	1993	243	2002	167
1980	112	1994	246	2003	164

Tabela 2: Número de bancos no País – de 2000 a 2009[18]

Período	2000	2001	2002	2003	2004	2005	2006	2007	2008	2009	Variação 2009/2008
Número de bancos (1)	192	182	167	165	164	161	159	156	159	158	-0,6%
Privados nacionais com e sem participação estrangeira	105	95	87	88	92	90	90	87	85	88	3,5%
Privados estrangeiros e com controle estrangeiro (2)	70	72	65	62	58	57	56	56	62	60	-3,2%
Públicos federais e estaduais (3)	17	15	15	15	14	14	13	13	12	10	-16,7%

(1) Bancos múltiplos, bancos comerciais e Caixa Econômica.

(2) Filiais de bancos estrangeiros e bancos, múltiplos e comerciais com controle estrangeiro.

(3) Caixas Econômicas estaduais e a Caixa Econômica Federal.

---

16. Informação disponível em: <http://www.febraban.org.br/p5a_52gt34++5cv8_4466+ff145afbb52ffrtg33fe36455li5411pp+e/sitefebraban/Setor_Banc%E1rio_N%FAmeros_Junho_2010%20%282%29.pdf>.
17. Fonte: Banco Central do Brasil *apud* Troster, Roberto Luis. *Concentração bancária*. Texto disponível em <http://www.febraban.org.br/Arquivo/Servicos/Imprensa/Conc0404.pdf>. Acessado em: novembro de 2009.
18. Dados extraídos da Pesquisa "O Setor bancário em números", realizada pela Febraban, disponível em: <http://www.febraban.org.br/p5a_52gt34++5cv8_4466+ff145afbb52ffrtg33fe36455li5411pp+e/sitefebraban/Setor_Banc%E1rio_N%FAmeros_Junho_2010%20%282%29.pdf>. Acessado em: abril de 2011.

Com a diminuição da quantidade de bancos observada, notou-se também uma crescente concentração dos depósitos bancários, conforme se extrai da análise da Tabela 3 a seguir, em que são apresentados dados até o ano de 2003.

Tabela 3: Taxas de concentração de depósitos 1994-2003[19]

Ano	3 maiores	5 maiores	10 maiores	20 maiores
1994	0,443	0,544	0,702	0,823
1995	0,496	0,604	0,737	0,829
1996	0,503	0,617	0,747	0,841
1997	0,486	0,604	0,733	0,831
1998	0,487	0,598	0,725	0,836
1999	0,520	0,631	0,745	0,853
2000	0,483	0,609	0,746	0,861
2001	0,474	0,597	0,751	0,872
2002	0,482	0,614	0,772	0,891
2003	0,521	0,639	0,800	0,926

Fonte: Banco Central do Brasil – Departamento de Organização do Sistema Financeiro.

Vê-se, assim, que existe uma razoável concentração no setor bancário, ainda que os dados anteriores sejam apenas uma *proxy* da efetiva concentração de cada mercado de produto ofertado pelo setor.

A literatura antitruste aponta que, uma vez criada uma posição dominante, sua disciplina torna-se mais difícil. Dessa forma, haveria igualmente um interesse público não negligenciável na busca da tutela da concorrência no setor financeiro, tendo em vista que o exercício do poder de mercado costuma ter por consequência condutas prejudiciais aos interesses dos consumidores e da sociedade em geral, como aumento de preços, redução de oferta, negligência nos investimentos em pesquisa e desenvolvimento e acomodação gerencial.[20]

Dessa forma, na próxima seção procuraremos abordar sinteticamente algumas questões que estão subjacentes à discussão acerca de se não deveriam as autoridades de defesa da concorrência ter um papel mais ativo no controle das estruturas e no combate às condutas anticompetitivas envolvendo o setor bancário.

4. Concentração e concorrência no setor bancário brasileiro

Existem críticas de que alguns estudos acerca da concentração da indústria bancária adotariam uma noção de "firma bancária" relativamente pouco sofisticada,

---

19. Fonte: Cálculos elaborados por Roberto Luis Troster a partir de Austin Assis. Citado em Troster, Roberto Luis. *Concentração bancária*. Disponível em: <http://www.febraban.org.br/Arquivo/Servicos/Imprensa/Conc0404.pdf>. Acessado em: novembro de 2009.
20. Como apontam Stiglitz e Walsh, "há quatro grandes fontes de ineficiência nos monopólios e em setores com concorrência imperfeita: nível de produto restringido, acomodação gerencial, falta de atenção a pesquisa e desenvolvimento, e comportamentos que buscam renda de monopólio". *Introdução à microeconomia*. Rio de Janeiro: Campus, 2003, p. 223.

enxergando a instituição financeira como fornecedora de produtos simples, tais como empréstimos e depósitos, e não apreenderiam o grau de sofisticação do setor bancário atual.[21]

No entanto, o caso envolvendo a fusão entre Itaú S.A. e União de Bancos Brasileiros S.A. – Unibanco, julgado pelo CADE em 2010,[22] demonstra a variedade de mercados que compõem o setor bancário e a ampla gama de atividades que são exploradas por suas instituições.

Em seu voto, o Conselheiro Fernando de Magalhães Furlan enfatizou a complexidade da definição dos mercados relevantes em fusões que envolvam instituições financeiras, tendo observado que, dentre os serviços mais relevantes oferecidos pelas instituições envolvidas, encontram-se os "depósitos à vista, os empréstimos e financiamentos a pessoas físicas e jurídicas", bem como os "seguros e serviços de capitalização e previdência privada". No total, foram mencionados, na ementa do voto, 23 distintos mercados relevantes, o que evidencia o elevado grau de sofisticação e a variedade de serviços e produtos atinentes ao setor.[23]

Em sentido semelhante, Fernando J. Cardim de Carvalho[24] atenta para a sofisticação do setor bancário e a multiplicidade de mercados que, em verdade, o compõem. Nesse sentido, diferencia ao menos dois segmentos: o de produtos simples e o de produtos e serviços diferenciados, esses últimos voltados especialmente para clientes com maiores recursos.

O autor ressalta que os dois aspectos centrais da concepção tradicional da firma bancária – a natureza monoprodutora do banco, i.e., a visão de que os bancos ofertariam um único produto com características bem definidas – empréstimos – bem como a suposta homogeneidade dos produtos e serviços prestados pelos bancos mereceriam uma análise mais complexa.

Tais características poderiam ser criticadas na medida em que, atualmente, os bancos em muitas ocasiões (i) adotam uma estratégia de competição baseada na introdução de inovações e (ii) não teria nos preços seu principal instrumento competitivo.[25] O setor bancário não explora apenas uma única espécie de serviço e os produtos e serviços ofertados não são homogêneos, na medida em que são, inclusive, frequentemente, introduzidas inovações.

---

21. Carvalho, Fernando J. Cardim. Estrutura e Padrões de competição no sistema bancário brasileiro: uma hipótese para investigação e alguma evidência preliminar. *In:* De Paula, Luiz Fernando; Oreiro, José Luís. *Sistema Financeiro:* uma análise do setor bancário brasileiro. Rio de Janeiro: Elsevier, p. 107.
22. Ato de Concentração nº 08012.011303/2008-96, no qual figuraram como requerentes o Banco Itaú S.A. e União de Bancos Brasileiros S.A. – Unibanco, julgado pelo CADE em 2010.
23. O CADE votou pela aprovação incondicional do ato de concentração.
24. Carvalho, Fernando J. Cardim de. Estrutura e Padrões de competição no sistema bancário brasileiro, p. 108.
25. *Ibid.*, p. 108 e 109.

Por um lado, o segmento popular enfatizaria a prestação de serviços que se apresentariam *"commoditizados"*. Nele, as instituições financeiras objetivariam reduzir, ao máximo, os custos de operação, sendo a redução do número de agências e de pessoal exemplos de medidas passíveis de serem adotadas para maximização do lucro nesse segmento de baixa especialização.[26] Além disso, as fusões e aquisições assumiram um papel de destaque, no Brasil, a partir de meados da década de 1990. Tais operações visam, muitas vezes, incrementar a rentabilidade dos bancos, na medida em que eliminam a duplicação de redes de atendimento.

A segunda espécie de segmento – para investidores qualificados – absorveria a demanda de clientes de alta renda ou corporativos. A competição é mais desenvolvida nesse setor com base na capacidade de cada banco de inovar e oferecer atendimento individualizado. Ambos os segmentos, "o de produtos de massa e o de produtos para investidores qualificados, ainda oferecem grandes oportunidades de ganho, em função das especificidades do mercado brasileiro e do baixo grau de 'bancarização' da população de baixa renda".[27]

Embora reconhecido como um setor em concorrência imperfeita, em princípio, o setor bancário brasileiro não se apresenta tendente à cartelização. Nesse sentido, Nakane afirmou que dados de 2000 demonstravam que "a indústria bancária brasileira, como em muitos outros países, é altamente concentrada. A concentração dos cinco maiores bancos varia entre 49,7% [ativos totais] a 55,3% [para o total de empréstimos], e a 57,9% [para o total de depósitos]".[28] No entanto, ainda segundo o autor, embora os resultados demonstrassem que os bancos brasileiros tinham algum poder de mercado, os dados disponíveis "rejeitavam fortemente que uma colusão perfeita fosse praticada por bancos brasileiros". A conclusão do estudo era no sentido de que o setor bancário brasileiro "não podia ser descrito por qualquer dos dois polos de estruturas de mercado, quais sejam, concorrência perfeita ou monopólio cartel".[29]

Portanto, tem-se que o setor bancário constitui um setor em concorrência imperfeita, em que falhas de mercado obrigam a uma intervenção regulatória estatal no intuito de aprimorar a confiança no sistema e reduzir o risco sistêmico.

A presença de uma entidade regulatória especializada no setor e de disposições legais específicas do direito brasileiro torna a discussão sobre a interação entre regulação e concorrência no setor bancário tema de não fácil elucidação. Vejamos brevemente essa controvérsia.

---

26. *Ibid.*, p. 114.
27. *Ibid.*, p. 119.
28. Nakane, Márcio. *A test of competition in Brazilian banking.* Brasília: Banco Central do Brasil, Working Paper Series nº 12, março de 2001, p. 4.
29. *Ibid,* p. 21.

5. O debate acerca da competência para análise de operações de concentração bancária no Brasil

Conforme já mencionado ao longo deste livro, o Conselho Administrativo de Defesa Econômica (CADE) tem a função de julgar os atos de concentração que possam produzir efeitos no território nacional, i.e., as operações de fusões, incorporações e associações de qualquer espécie entre agentes econômicos (arts. 54 e s. da Lei nº 8.884/1994) que preencham os requisitos legais. A ele compete ainda decidir sobre a existência de práticas anticompetitivas nos mais variados mercados, determinando, quando for o caso, a cessação dessas condutas e cominando as respectivas penas previstas na lei (arts. 20 e 21 da Lei nº 8.884/1994).

Diante da destacada natureza especial da atividade desenvolvida pelo setor e das competências legais atribuídas às autoridades monetárias, foi colocada a indagação sobre se o CADE, na qualidade de entidade responsável pela regulação concorrencial em geral, seria competente para fiscalização do setor bancário, especialmente no que tange à análise estrutural (operações de fusão, aquisição etc.), dadas as peculiaridades do setor e que seu objetivo central não é a prevenção do risco sistêmico, mas a manutenção da concorrência. É preciso lembrar que o setor conta com entidade de regulação prudencial – o Banco Central do Brasil – que, ao visar a minimização do risco sistêmico, exerce, na prática, a supervisão das atividades bancárias e dos requisitos mínimos de capital, além de estabelecer restrições às atividades financeiras. Seria tal entidade competente para a análise dos atos de concentração ocorridos no setor financeiro?

Este questionamento pode ser colocado em termos teóricos, mas a sua resposta deverá ser, ao final, buscada no direito positivo vigente, nas normas de definição de competência que estabeleçam os papéis a serem desempenhados pelas autoridades, reguladora e concorrencial.

Segundo alguns autores, a entidade reguladora setorial, tendo que densificar um conjunto de finalidades públicas mais amplo, teria, por vezes, de sopesar valores e escolher, dentre eles, qual iria prevalecer. Nesse processo, o valor "concorrência" poderia vir a ser, em algumas ocasiões, sacrificado.

Por outro lado, a entidade de defesa da concorrência, tendo uma competência transversal sobre a generalidade dos setores (regulados e não regulados) da atividade econômica, teria maior *expertise* na análise concorrencial, sendo, ainda, menos propensa à captura, dada a diversidade de mercados em que atua.[30] Adicionalmente, a Lei nº 8.884/1994 não isenta qualquer setor da economia da obediência aos seus ditames.

---

30. García-Morato, Lucía Lopez e Ortiz, Gaspar Ariño. *La competencia en sectores regulados*: regulación empresarial y mercado de empresas. 2. ed. Granada: Comares, 2003, p. 337.

De acordo com trabalho divulgado pelo órgão das Nações Unidas para Comércio e Desenvolvimento – UNCTAD, enquanto a entidade reguladora tem uma função mais prospectiva e voltada à determinação e monitoramento de comportamentos dos agentes econômicos, a autoridade concorrencial teria uma atuação, em princípio, mais pontual e *a posteriori*, impondo remédios estruturais e comportamentais somente em caso de "desvio" da conduta do agente econômico. No entanto, as autoridades de defesa da concorrência também atuam preventivamente, ao buscarem evitar a criação de estruturas concentradas de poder que tornem provável o abuso de posição dominante no momento futuro (análise dos atos de concentração).

Constata-se, assim, ser possível, em um determinado setor da economia, a depender do que dispuser o ordenamento jurídico, (i) a incidência apenas das normas de defesa da concorrência, estando ausente uma regulação setorial e a respectiva entidade reguladora; (ii) haver competências concorrentes, com ambas as entidades reguladora e concorrencial com atribuição de aplicar a legislação de defesa da concorrência; (iii) estar-se diante de um quadro de competências complementares, o que ocorrerá nas situações em que o marco normativo desenhar com precisão as atribuições do ente regulador e da entidade concorrencial, conferindo a esta última, com exclusividade, competência para aplicar a legislação antitruste; e (iv) estar-se diante de um setor em que apenas a autoridade reguladora setorial tenha competência para disciplinar o mercado, seja (iv.1) ela mesma aplicando as normas de defesa da concorrência, seja (iv.2) determinando o ordenamento jurídico a não incidência das normas concorrenciais sobre os mercados regulados.[31]

Tendo em vista as diversas possibilidades de arranjos institucionais delineadas, passa-se a comentar brevemente algumas decisões e atos normativos referentes à matéria, nos quais a controvérsia, referente à competência para julgar os atos de concentração envolvendo as entidades financeiras, foi suscitada.[32]

Em 2001, a Advocacia-Geral da União, em resposta a uma consulta formulada pelo Ministro Chefe da Casa Civil, expediu o parecer normativo GM-20 sobre o tema. A aprovação pelo Presidente da República ocorreu logo em seguida, tornando o seu teor vinculante para a Administração Pública Federal, nos termos do art. 40,

---

31. Pesquisa realizada pela Organização para Cooperação e Desenvolvimento Econômico- OCDE, analisando essa interação em vários países, afirma não existir uma fórmula única que seja passível de aplicação a todos os mercados e a todos os Estados, pois a forma de tal interação depende do contexto social, econômico e da própria conformação jurídica das instituições de cada local. OCDE *apud* UNCTAD. *Model law on competition: substantive possible elements for a competition law, commentaries and alternative approaches to existing regulation*. Nova Iorque e Genebra: ONU, 2004.
32. Para uma análise mais detalhada dos casos, remete-se o leitor ao trabalho de Dione Valesca Xavier de Assis e Caroline da Rosa Pinheiro constante deste livro.

§ 1º, da Lei Complementar nº 73/1993.[33] A AGU posicionou-se no sentido de que o BACEN era o único órgão competente para decidir acerca de atos de concentração no setor. A interpretação adotada pelo órgão baseou-se especialmente em um argumento de especialidade da Lei nº 4.595/1964[34] sobre a Lei nº 8.884/1994, além de ter sido sustentado que a primeira norma teria sido recepcionada, pela Constituição Federal de 1988, como lei complementar, face à natureza meramente ordinária dessa última.

No entanto, mesmo após tal posicionamento ter sido ratificado pelo Presidente da República, a discussão não findou, pois o CADE continuou a defender sua competência para julgar os atos de concentração ocorridos no setor bancário, sustentando a sua não subordinação aos pareceres normativos originados da AGU e com chancela presidencial. De acordo com o CADE, a sua autonomia sofreria abalo caso devesse obediência aos pareceres normativos da AGU, órgão da confiança direta do Presidente da República.[35]

Após o parecer da AGU ter sido proferido, a controvérsia foi suscitada no caso Finasa, que havia ingressado no Sistema Brasileiro de Defesa da Concorrência antes da publicação de referido posicionamento.[36]

Do ponto de vista concorrencial, a operação notificada às entidades de defesa da concorrência não despertava maiores preocupações. No entanto, terminou por adquirir grande repercussão, pois a partir de sua análise foi discutido o tema da subordinação ou não do CADE ao entendimento proferido pela AGU, ocasião em que a entidade afirmou sua competência para disciplinar o setor bancário do prisma concorrencial, isto é, mediante aplicação da Lei nº 8.884/1994.

Tendo a Conselheira Relatora decidido pelo arquivamento do caso sem julgamento do mérito, por incompetência do CADE, entendendo que a autarquia estava subordinada ao parecer normativo da AGU, pediu vista o Conselheiro

---

33. Lei Complementar nº 73/1993: "Art. 40. Os pareceres do Advogado-Geral da União são por este submetidos à aprovação do Presidente da República. § 1º O parecer aprovado e publicado juntamente com o despacho presidencial vincula a Administração Federal, cujos órgãos e entidades ficam obrigados a lhe dar fiel cumprimento." Uma profunda discussão acerca da relação entre o papel da Advocacia-Geral da União e as entidades autônomas da Administração Pública Federal foi realizada em seminário promovido pelo Instituto de Pesquisa Econômica Aplicada – IPEA, cujo teor encontra-se transcrito na seguinte obra: Salgado, Lucia Helena (org.). *Marcos regulatórios no Brasil*: judicialização e independência. Rio de Janeiro: IPEA, 2009.
34. Lei nº 4.595/1964. Art. 10. "Compete **privativamente** ao Banco Central da República do Brasil: (...) X – Conceder autorização às instituições financeiras, a fim de que possam: (...) c) ser transformadas, fundidas, incorporadas ou encampadas; (...)". Art. 18, § 2º: "O Banco Central da República do Brasil, no exercício da fiscalização que lhe compete, regulará as condições de concorrência entre instituições financeiras, coibindo-lhes os abusos com a aplicação da pena nos termos desta lei".
35. Argumento apresentado pelo CADE em suas contra-razões ao Recurso Especial nº 1.094.218-DF (2008/0173677-1), em que figurou como recorrente o Banco de Crédito Nacional S/A e como recorrido o CADE.
36. Ato de concentração 08012.006762/2000-09, Requerentes Banco Finasa de Investimento S/A, Brasmetal Indústria S/A e Zurich Participações e Representações.

Celso Campilongo. Em seu voto-vista, o Conselheiro argumentou no sentido da desvinculação da autarquia ao parecer da AGU, sob o argumento de que o CADE constitui órgão judicante e autônomo na esfera administrativa, não estando subordinado, em sua atividade julgadora, a entendimentos da AGU, ainda que referendados pelo Presidente da República. No mérito, sustentou que não haveria conflito de competência entre o BACEN e o CADE, sendo complementares as suas atribuições (enquanto ao primeiro incumbia a regulação prudencial, ao último caberia aplicar a Lei nº 8.884/1994). De todo modo, ainda que houvesse, a Lei nº 4.595/1964 não trazia tipos jurídico-dogmáticos concorrenciais, sendo que o BACEN não tinha historicamente realizado análises de concentrações bancárias sob o prisma estritamente concorrencial. Esta visão terminou prevalecendo no Plenário do CADE.[37]

Posteriormente, o tema veio a ser judicializado no âmbito de mandado de segurança impetrado em face de uma decisão do CADE que havia determinado a submissão ao Conselho do ato de concentração por meio do qual o controle acionário do Banco de Crédito Nacional S.A. – BCN fora transferido ao Banco Bradesco S.A.

Em primeira instância, decidiu o magistrado que a competência para análise da referida operação era exclusiva do Banco Central, concedendo, portanto, a segurança pleiteada, na linha do que sustentava o parecer da AGU.

O Tribunal Regional Federal da 1ª Região, no entanto, reformou a decisão, afirmando a competência do CADE para conhecer de fusões e aquisições no setor bancário.[38]

O caso, então, foi levado ao Superior Tribunal de Justiça, tendo decidido a Ministra Relatora Eliana Calmon que tanto o CADE quanto o BACEN, enquanto entidades integrantes da Administração Pública Federal indireta, sujeitam-se ao parecer normativo emitido pela AGU, por força do art. 40, § 1º, da LC 73/1993, e que a competência para análise dos atos de concentração no setor seria privativa do BACEN, entendimento esse que restou acolhido na Corte, por maioria.[39]

6. Considerações finais

A decisão do Superior Tribunal de Justiça acima mencionada, único precedente sobre o tema no âmbito dos tribunais superiores até o momento, demonstra a atualidade das considerações trazidas no presente livro.

---

37. Ato de Concentração nº 08012.006762/2000-09 – Voto de Vista do Conselheiro Celso Fernandes Campilongo. *In: Concorrência e Regulação no Sistema Financeiro*, cit., p. 488.
38. Recurso Especial nº 1.094.218, voto da Ministra-Relatora Eliana Calmon, p. 9.
39. No momento em que este artigo é encerrado (junho de 2011), o caso ainda não se encontra transitado em julgado, tendo o CADE interposto recurso extraordinário buscando que o Supremo Tribunal Federal reveja o posicionamento ora prevalecente.

A polêmica acerca da relação entre regulação e concorrência no setor bancário nacional, assim como o papel de cada instituição nesse tocante, parece longe de encerrar-se, seja porque o caso ainda não transitou em julgado, seja porque decisões futuras poderão, em tese, vir a decidir em sentido contrário, merecendo ser lembrado que o STJ se manifestou em decisão majoritária (não unânime).

Vê-se, assim, a relevância do tema da regulação e da concorrência no sistema financeiro, para o Brasil, no presente momento. O presente livro procurou ser uma contribuição a esse debate, apresentando alguns aspectos que vêm sendo discutidos na seara internacional, especialmente após a crise de 2008, bem como introduzindo os principais tópicos relacionados ao tema em âmbito nacional.[40]

Esperamos que a partir da sistematização realizada nesta obra o debate possa ser aprofundado por novos trabalhos.

7. Referências

AKERLOF, George; SHILLER, Robert. *Animal spirits*: how human psychology drives the economy, and why it matters for global capitalism. Princeton: Princeton University Press, 2009.

BECK, Thorsten; DEMIRGÜÇ-KUNT, Asli; LEVINE, Ross. *Bank Concentration, Competition, and Crisis: First results*. Disponível em: <http://www.econ.brown.edu/fac/Ross_Levine/Publication/Forthcoming/Forth_JBF_3RL_Concentration.pdf>.

CARVALHO, Fernando J. Cardim de. O papel do banco central no processo de regulação financeira – Reflexões sobre o Caso Finasa. *In:* CAMPILONGO, Celso Fernandes; VEIGA DA ROCHA, Jean Paul Cabral; MATTOS, Paulo Todescan Lessa. *Concorrência e Regulação no Sistema Financeiro*. São Paulo: Max Limonad, 2002.

CARVALHO, Fernando J. Cardim. Estrutura e Padrões de competição no sistema bancário brasileiro: uma hipótese para investigação e alguma evidência preliminar. *In:* DE PAULA, Luiz Fernando; OREIRO, José Luís. *Sistema Financeiro:* uma análise do setor bancário brasileiro. Rio de Janeiro: Elsevier, 2007.

CLÈVE, Clèmerson Merlin; RECK, Melina Breckenfeld. A Constituição Econômica e a interface entre regulação setorial e antitruste no direito brasileiro. *Revista do IBRAC*. São Paulo, IBRAC, v. 16, nº 1, 2009.

---

40. Ao encerrarmos essa breve exposição, cabe ainda mencionar que tramita no Congresso Nacional o Projeto de Lei Complementar nº 265/2007, o qual pretende confirmar a competência do CADE na matéria, desde que a operação não enseje risco sistêmico, explicitando o papel a ser desempenhado pelas autoridades de defesa da concorrência no setor bancário, o que demonstra existirem vozes relevantes que consideram ser insuficiente o trato da matéria unicamente pela autoridade reguladora setorial. No que tange à análise de fusões e aquisições no setor bancário, o PLC 265/2007 pretende estabelecer um sistema pelo qual os atos de concentração envolvendo o setor bancário serão comunicados ao BACEN que, se entender que a operação pretendida não afeta a confiabilidade e segurança do Sistema Financeiro, encaminhará o caso às autoridades de defesa da concorrência para julgamento.

FURTADO, Ana Lílian de Menezes. *Acordo da Basileia*: um estudo sobre as suas influências e implementação no sistema financeiro brasileiro. Disponível em: <http://www.portalcse.ufsc.br/gecon/coord_mono/2005.1/Ana%20Lilian%20de%20Menezes%20Furtado.pdf>. Acessado em: maio de 2011.

GARCÍA-MORATO, Lucía Lopez; ORTIZ, Gaspar Ariño. *La competencia en sectores regulados*: regulación empresarial y mercado de empresas. 2. ed. Granada: Comares, 2003.

JÚNIOR, Sabino da Silva Porto; SILVA, Everton Nunes. *Sistema financeiro e crescimento econômico: uma aplicação de regressão quantílica*. Disponível em: <http://www.anpec.org.br/encontro2004/artigos/A04A076.pdf>.

MARTINS, Bruno Silva; ALENCAR, Bruno. *Concentração bancária, lucratividade e risco sistêmico*: uma abordagem do contágio indireto. Brasília: Banco Central do Brasil, Texto para Discussão nº 190, setembro de 2009.

NAKANE, Márcio. *A test of competition in Brazilian banking*. Brasília: Banco Central do Brasil, Working Paper Series nº 12, março de 2001.

OLIVEIRA, Gesner. *Concorrência*: panorama no Brasil e no mundo. São Paulo: Saraiva, 2001.

SALGADO, Lucia Helena. Análise da concentração bancária sob o prisma da concorrência. In: CAMPILONGO, Celso Fernandes; VEIGA DA ROCHA, Jean Paul Cabral; MATTOS, Paulo Todescan Lessa. *Concorrência e Regulação no Sistema Financeiro*. São Paulo: Max Limonad, 2002.

Salgado, Lucia Helena (org.). *Marcos regulatórios no Brasil*: judicialização e independência. Rio de Janeiro: IPEA, 2009.

STIGLER, George. Theory of economic regulation. *Bell Journal of Economics and Management Science*, v. 1, primavera de 1971, p. 3-21.

STIGLITZ, Joseph e WALSH, Carl. *Introdução à microeconomia*. Rio de Janeiro: Campus, 2003.

TROSTER, Roberto Luis. *Concentração bancária*. Disponível em: <http://www.febraban.org.br/Arquivo/Servicos/Imprensa/Conc0404.pdf>. Acessado em: novembro de 2009.

UNCTAD. *Model law on competition*: substantive possible elements for a competition law, commentaries and alternative approaches to existing regulation. Nova Iorque e Genebra: ONU, 2004.

Cartão Resposta
050120048-7/2003-DR/RJ
Elsevier Editora Ltda
CORREIOS

SAC | 0800 026 53 40
ELSEVIER | sac@elsevier.com.br

CARTÃO RESPOSTA
Não é necessário selar

O SELO SERÁ PAGO POR
Elsevier Editora Ltda

20299-999 - Rio de Janeiro - RJ

Acreditamos que sua resposta nos ajuda a aperfeiçoar continuamente nosso trabalho para atendê-lo(la) melhor e aos outros leitores.
Por favor, preencha o formulário abaixo e envie pelos correios ou acesse www.elsevier.com.br/cartaoresposta. Agradecemos sua colaboração.

Seu nome: _____

Sexo: ☐ Feminino ☐ Masculino   CPF: _____

Endereço: _____

E-mail: _____

Curso ou Profissão: _____

Ano/Período em que estuda: _____

Livro adquirido e autor: _____

Como conheceu o livro?
☐ Mala direta
☐ Recomendação de amigo
☐ Recomendação de professor
☐ Site (qual?) _____
☐ Evento (qual?) _____
☐ E-mail da Campus/Elsevier
☐ Anúncio (onde?) _____
☐ Resenha em jornal, revista ou blog
☐ Outros (quais?) _____

Onde costuma comprar livros?
☐ Internet. Quais sites? _____
☐ Livrarias ☐ Feiras e eventos ☐ Mala direta

☐ Quero receber informações e ofertas especiais sobre livros da Campus/Elsevier e Parceiros.

Siga-nos no twitter @CampusElsevier

Qual(is) o(s) conteúdo(s) de seu interesse?

Concursos
- [ ] Administração Pública e Orçamento
- [ ] Arquivologia
- [ ] Atualidades
- [ ] Ciências Exatas
- [ ] Contabilidade
- [ ] Direito e Legislação
- [ ] Economia
- [ ] Educação Física
- [ ] Engenharia
- [ ] Física
- [ ] Gestão de Pessoas
- [ ] Informática
- [ ] Língua Portuguesa
- [ ] Línguas Estrangeiras
- [ ] Saúde
- [ ] Sistema Financeiro e Bancário
- [ ] Técnicas de Estudo e Motivação
- [ ] Todas as Áreas
- [ ] Outros (quais?) _____

Educação & Referência
- [ ] Comportamento
- [ ] Desenvolvimento Sustentável
- [ ] Dicionários e Enciclopédias
- [ ] Divulgação Científica
- [ ] Educação Familiar
- [ ] Finanças Pessoais
- [ ] Idiomas
- [ ] Interesse Geral
- [ ] Motivação
- [ ] Qualidade de Vida
- [ ] Sociedade e Política

Jurídicos
- [ ] Direito e Processo do Trabalho/Previdenciário
- [ ] Direito Processual Civil
- [ ] Direito e Processo Penal
- [ ] Direito Administrativo
- [ ] Direito Constitucional
- [ ] Direito Civil
- [ ] Direito Empresarial
- [ ] Direito Econômico e Concorrencial
- [ ] Direito do Consumidor
- [ ] Linguagem Jurídica/Argumentação/Monografia
- [ ] Direito Ambiental
- [ ] Filosofia e Teoria do Direito/Ética
- [ ] Direito Internacional
- [ ] História e Introdução ao Direito
- [ ] Sociologia Jurídica
- [ ] Todas as Áreas

Media Technology
- [ ] Animação e Computação Gráfica
- [ ] Áudio
- [ ] Filme e Vídeo
- [ ] Fotografia
- [ ] Jogos
- [ ] Multimídia e Web

Negócios
- [ ] Administração/Gestão Empresarial
- [ ] Biografias
- [ ] Carreira e Liderança Empresariais
- [ ] E-business
- [ ] Estratégia
- [ ] Light Business
- [ ] Marketing/Vendas
- [ ] RH/Gestão de Pessoas
- [ ] Tecnologia

Universitários
- [ ] Administração
- [ ] Ciências Políticas
- [ ] Computação
- [ ] Comunicação
- [ ] Economia
- [ ] Engenharia
- [ ] Estatística
- [ ] Finanças
- [ ] Física
- [ ] História
- [ ] Psicologia
- [ ] Relações Internacionais
- [ ] Turismo

Áreas da Saúde
- [ ]

Outras áreas (quais?): _____

Tem algum comentário sobre este livro que deseja compartilhar conosco?
_____

Atenção:
- As informações que você está fornecendo serão usadas apenas pela Campus/Elsevier e não serão vendidas, alugadas ou distribuídas por terceiros sem permissão preliminar.